JN327721

歴史の見方がわかる世界史入門

福村国春
Fukumura Kuniharu

いまにつながる
ヨーロッパ近現代史

ベレ出版

カバー・表紙図版：Anton von Werner“The proclamation of the German Empire”（ビスマルク博物館）

はじめに　歴史をモノにするために

書店に行ってみると、いわゆる「歴史本」は山と積まれています。「わかりやすい世界史」とか「おもしろい世界史」とか、いかに人々が歴史に対して興味を抱いているかがよくわかります。ただ、自分にとって苦手な分野や新しい分野に足を踏み入れ、それをモノにするのは容易ではありません。私にも苦手な分野はあるのですが、何度トライしてみても「わかりやすい○○」から抜け出せないことがあります。皆さんの中にも、本書を手に取る前に同じような歴史本を読んだ経験のある方がいらっしゃるかもしれません。

しかしながら、○○をモノにするための道筋は意外と簡単です。例えば、ダンスを例に考えてみます。ダンスの先生は生徒をどのように指導すると思いますか？　おそらく、まず先生は「踊り方」を伝え、生徒の目の前で「踊って見せる」でしょう。次に、生徒にも「踊ってみる」よう求めるはずです。自分で踊ることができれば、生徒はその楽しさを実感し「もっと踊ってみよう」とダンスの世界に入り込んでいくでしょう。歴史を学ぶことも同じです。そして本書の最大の特徴は、この学び方を実践できるところにあります。

ただ、「踊り方」と違って、本書の「歴史の見方」という表現は少しわかりにくいかもしれません。「見る」というのは「注目する」ということで、「見方」というのは「注目の仕方」です。本書で、私は歴史の中の何かに注目して見せ、皆さんにも注目してもらいます。そして、一度学んだ「歴史の見方」を、のちの歴史にもあてはめることができれば、自分で歴史を読み解いていけるようになるはずです。（「歴史の見方」は覚え、既出の「見方」は巻末の「まとめ」で必ず復習してください）。歴史の何に注目するのか、それは読んでいくうちにわかるでしょう。

さて、歴史の何かに注目していくと、皆さんはある世界に足を踏み入れることになります。それは「解のない世界」です。本書では、私なりの「歴史の見方」で、皆さんをそんな思索の世界にお連れしましょう。私は足を踏み入れて見せ、皆さんにも足を踏み入れてもらおうと思います。もちろん「歴史の見方」は様々ですが、どのような学問のどのような視点であれ、最終的にたどり着く場所は同じ世界です。そしてまさにその「解のない世界」の扉を開けることが「入門」なのではないでしょうか。その世界はいったいどのような世界か、それも読み終えた時にわかります。私の最大の願いは、この本を読み終えたあとも、皆さんがこの思索の世界で歴史を同じように学び続けられるようになることです。

では、本書の舞台や音響の設定について説明しておきます。この本では、歴史を近世からはじめていきます。これは今の世の中に直接的に関係しているのが近世以降であるためです。

近世（14～18世紀）という時代名はあまり聞き慣れないかもしれません。近世は、ルネサンス（14世紀）からフランス革命（18世紀）までの時期を指します。近代は広く見ればルネサンス以降ですが、狭くみればフランス革命終結以降となります。つまり、近世は近代の序章です。なお、現代は第二次世界大戦以降として見ていくこととします。

近現代史は「二つの世界の対立（ヨーロッパとアジアの対立）」としてとらえることができます。そうすると、今の世界に至る歴史は次のようにいえるでしょう。

◎近世「ヨーロッパが中心になっていく時代」
◎近代「ヨーロッパが中心になった時代」
◎現代「ヨーロッパが中心でなくなっていく時代」

◉本章の時代区分

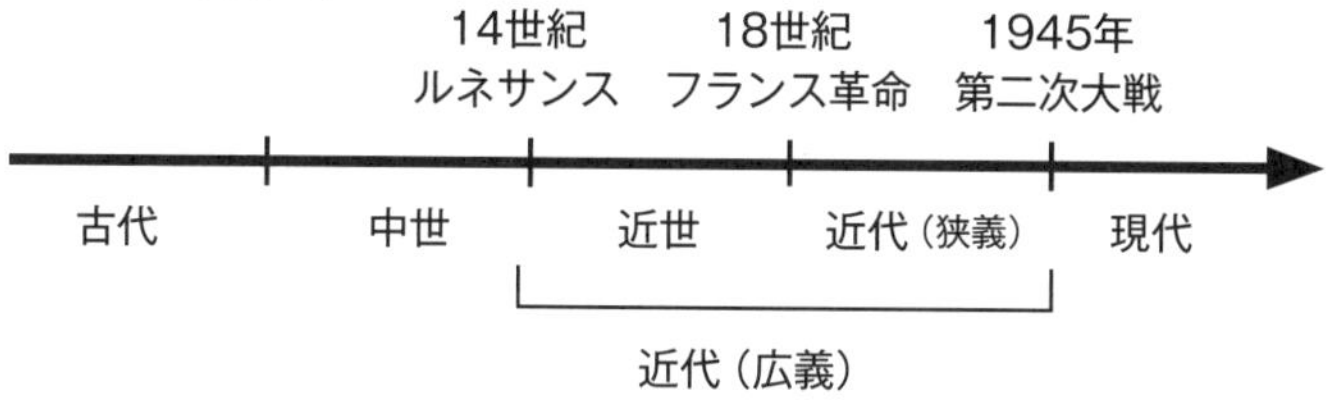

要するに、この本の主人公は「ヨーロッパ」です。本書を通読していただければ、現在の世界がどのようにしてヨーロッパ（やアメリカ）を中心に形成されたのかを理解していただけるはずです。もしかしたら「ヨーロッパ中心の歴史」に対する反発もあるかもしれません。もちろんアジアの歴史にも触れていきますが、入門書という性格を考慮して、できるだけ理解しやすいように、あえて主人公を少なくしていることをご理解いただければと思います。

では、いよいよ照明がつき音が鳴りはじめます。手足を動かす準備はよろしいでしょうか。歴史とは何か、人間とは何か、そんな思いを共有しながら約７００年間の歴史を一緒に見ていきましょう。

歴史の見方がわかる世界史入門　目次

第1章　近世Ⅰ　脱却と前進
——ヨーロッパの夜明け

本章の内容

第1幕	ルネサンス	――天上に去る神
第2幕	宗教改革	――我、ここに立つ
第3幕	大航海時代	――広がる視野、現れる大陸
第4幕	絶対主義諸国（陸）	――陸の攻防
第5幕	絶対主義諸国（海）	――海の攻防

近世は中世のあらゆる束縛をふりほどく脱却の時代です。政治、経済、社会、そして文化――多くの分野で中世的なものが脱ぎ捨てられ、近代に向かう準備が整えられていきます。近世は中世の葬送曲であり、近代への序曲なのです。

本章「近世Ⅰ（脱却と前進）」では、ヨーロッパの歴史が中世から少しずつ抜け出していく、その緩やかな変化をたどっていきます。次章「近世Ⅱ（破壊と創造）」では、新しい時代への劇的な変化を見ていきましょう。

時代の変化は人によってもたらされます。ここでは、時代を変えるべく、時代と戦った人々に焦点をあてて見ていくことにしましょう。

◉近世は「中世から近代へ移行する過渡期」

近世は古い中世を壊し、新しい近代をつくりあげていく「変化」の時代。

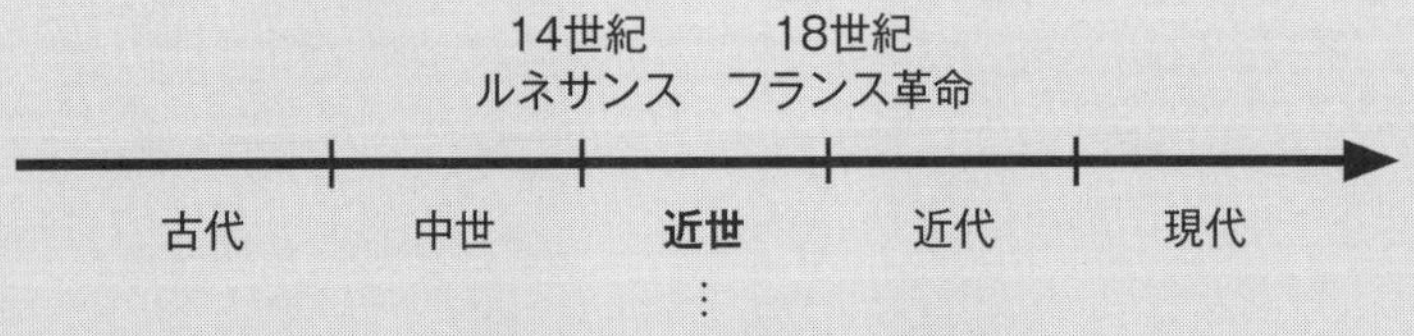

中世から近代へ移行する過渡期

［変化］

近世Ⅰ＝緩やかな変化

近世Ⅱ＝劇的な変化

第1幕
ルネサンス——天上に去る神

中世を「暗黒」として見る

近世は中世から脱却していく時代ですから、まずは中世がどういった時代なのかを知っておく必要があります。中世はかつて〝暗黒時代〟といわれ、古代や近代に比べあらゆる点で劣っているとみなされていました。そもそも中世という言葉は「間の時代」という意味で、古代と近代に挟まれた「谷間の時代」であることを表します。確かに、現在の私たちの価値観で見れば、暗黒という表現もあながち間違いではありません。

古代ヨーロッパ（古代ギリシア・ローマ）では、哲学を中心に幾何学・天文学といった学問が発達し、哲学者ソクラテス、プラトン、アリストテレス、そして幾何学ではユークリッド、アルキメデスと、そうそうたる顔ぶれが並びます。天文学の分野でも、2000年以上も前だというのに、すでに地球の自転と公転、地球が球体であることを把握し、さらにその周囲の長さもほぼ正確に理解していました。芸術においても、ギリシア彫刻の理想的で写実的な美しさは完成されていたといってよいでしょう。

しかし、中世に入るとヨーロッパはキリスト教の時代、つまり宗教の時代へと突入します。迷信や伝説を信じている以上、合理性を必要とする科学など発達のしようがありません。天体に関する認識も、天が動き地球は平面であるとされました。芸術、特に美術においては、現実を再現しようとする姿勢はあまり見られなくなり、遠近感も写実性もないようなものばかりが創作されていきます。

そういったところから、ヨーロッパ人は中世を後退とみなしたのです。しかし、こういった中世のとらえ方は今では否定され、中世は必ずしも暗黒時代とはいえない、という見方が一般的です。実際には、中世にも古代の精神は生き続けていましたし、中世を暗黒とするのは一面的な理解といえるからです。しかし、今回はあえてわかりやすさを優先して、中世は〝暗黒時代〟という認識で歴史をはじめてみようと思います。

私たちは、まずこの中世という暗黒の闇から抜け出していかなければなりません。変化の転機は12～13世紀頃までにさかのぼります。キリスト教の長である教皇の主導した十字軍の失敗によってキリスト教の支配は揺らぎ、宗教の時代からの転換がはじまります。その変化は、まず文化に表れました。

ルネサンスの意味

暗黒の闇に夜明けをもたらしたのはルネサンスでした。これは人文主義（ヒューマニズム）という思想をもとにした文化運動です。中世において、偉大な神は罪深き人間を縛り身動きのとれないものにしていました。人文主義という思想は、そういった神の支配から人間を解放し、自由にしていこうというものです。神は天上に去り、人が地上の中心に立つ——人はキリスト教を通じてではなく、あるがままの世界を見て、あるがままの心で生きようとしはじめたのです。

模範となったのは、キリスト教の影響を強く受けていない、古代ギリシア・ローマの時代でした。そこで、ヨーロッパ人は古代を賞賛し、古代を再生しようとしました。ルネサンスはフランス語で「復活」を意味します。ルネサンスは、古代の精神の復活による中世からの脱却であり、その世界観を原動力とした近代への前進なのです。

歴史の見方① 文化とは何か1

ルネサンスは文化運動ですから、ここで文化とは何かということを考えてみます。文化には言語・文字・芸術（絵画・彫刻・音楽）・文学・法律などがありますが、いずれも「人の精神をかたちにしたもの」ととらえることができるでしょう。

文化とは「人の精神をかたちにしたもの」である

時代や地域によって人々の精神は異なります。言語も文化です。「わび・さび」といった言葉は日本の精神を象徴するものです。そして、実は法律も文化です。多くの会社には社則がありますが、それは会社の思想を制度にしたものといえます。ルネサンスは「新しい文化」ですから、これはヨーロッパに「新しい精神」が生まれてきたことを意味します。それは現実的で合理的な精神であり、人間中心の世界観です。そしてそれこそが「近代の精神」なのです。

では、ここでもう一つ文化に関して重要な視点を示しておきましょう。

文化は経済力がなければ発展しない（経済力があれば発展する）

これはお子さんを持つ親であればすぐわかるのではないでしょうか。絵を習わせたい、ピアノを習わせたい、書道を習わせたい――お金が必要になります。絵にはキャンバスが必要、筆も絵の具もイーゼルも必要です。いい絵を描こうとすればするほど高価なものが必要になります。文化は経済力がなければ発展しませんし、経済力があれば文化は発展するのです。

さて、こうした新しい文化の発展はイタリアを舞台にして起こることになります。

新しい時代はイタリア半島から

ルネサンスはイタリア半島からはじまり、西ヨーロッパに波及していきます。なぜイタリアでルネサンスは起きたのでしょうか。私たちは、それについて予想をすることができるはずです（歴史の見方①）。経済力がなければ文化が発展しないのであれば、経済力がイタリアにはあったのではないか、と。そう、中世の終わり頃から、北イタリアには都市が成立し、東方貿易と呼ばれる海上貿易や金融業で利益を上げる商人たちがたくさんいました。「メディチ家」という言葉を耳にしたことがあるでしょう。イタリアにはそういった大富豪がたくさんいたのです。彼らは芸術家たちの庇護者となり、経済的に百花繚乱のルネサンス芸術を支えたのでした。

フィレンツェの春

初期イタリア・ルネサンス（14〜15世紀）は、メディチ家の支配するフィレンツェで花が開きました。ジョットやマサッチョなどの画家たち、ダンテやボッカチオなどの文学者が次々に登場し、芸術家たちはあるがままの人間の心、あるがままの人間世界を表現していきました。中でも『春』『ヴィーナスの誕生』で有名な画家ボッティチェリの活躍は際立っています。代表作

『春』を題材に、ルネサンス期の人々の精神を読み取っていきましょう（図1）。

中世の間、キリスト教によって抑えつけられていた心の一つに「恋心」がありました。キリスト教は「清貧・純潔・服従」が原則ですから、男女が表立って恋愛をすることは禁じられていたのです。しかし、ルネサンス期の人々は人間を肯定し、人間の最も美しい感情を賞賛しました。春は恋の季節ですから、この絵は恋愛をテーマにしたものです。

絵の一番右側には、女性を抱え上げようとする男性が描かれています。これはギリシア神話に登場する西風の神ゼピュロスです。彼は女性を抱いて求愛をしています。女性はどんな反応をしているでしょうか。残念ながら拒否しているようです。しかし、彼女の口からは草花がこぼれ落ちていきます。嫌よ嫌よといいながらも、草花が咲き、恋に

図1：『春』ボッティチェリ（ウフィツィ美術館）

落ちかかっていることがわかります。さらに、彼女の左側の女性を見てください。実はこれは彼女の次の瞬間が描かれたものです。全身に草花が咲き誇っています。結局、恋に落ちてしまったようです。

では、絵の左手、3人の女性を見てみましょう。これはギリシア神話の三美神です。3人のうち、一番左は欲望の女神、真ん中は禁欲の女神とされています。画家は、ルネサンス期の精神にしたがって欲望の女神を支援しているようです。それは絵の中央上部に描かれた天使（キューピッド）の存在からわかります。天使の放った矢にあたるとやはり恋をしてしまうという逸話はご存知の方も多いのではないでしょうか。天使のつがえている矢の先をたどっていくと、欲望の女神にあたるように描かれています。中央で堂々たる姿で全体を司っているのが愛と美の女神ヴィーナスです。この絵は、ルネサンスを象徴するように、神に縛られず、あるがままの人間の心を賛美する精神が実に華やかに描かれているわけです。

やがて、このイタリア・ルネサンスは舞台をローマに移し、天才たちの英知によって完成されていくことになります。

ローマの三大巨匠

初期イタリア・ルネサンスが終わると、その中心地はフィレンツェからローマへと移ります。

盛期イタリア・ルネサンス（16世紀初頭）です。ルネサンスの三大巨匠とされる天才たち、レオナルド・ダ・ヴィンチ、ラファエロ、ミケランジェロらが登場します。誰もが知っている芸術家はやはりレオナルド・ダ・ヴィンチでしょう。彼は〝万能の天才〟と呼ばれ、ルネサンス期の理想的人間像とされています。私たちからすると、レオナルド・ダ・ヴィンチといえば最も有名な画家といってもよいでしょうが、彼は自らを画家であるとは考えていなかったようです。彼は建築、音楽、その他医学、物理学にも通じ、武芸にも秀でていました。彼の履歴書を見ると、あれもできますこれもできますと様々なことが書かれ、絵については最後に一言「絵も他の追従を許さぬものを描きます」と記されているだけです。通常では考えられないような万能の天才だったわけです。ルネサンス期というのは、神から人間が自由を手にした「何をやってもいい時代」ですから「何でもできてしまうこと」は理想だったのです。

図2：『最後の晩餐』 レオナルド・ダ・ヴィンチ（サンタ・マリア・デッレ・グラツィエ修道院）

では、彼の作品の中で最も有名なものの一つである『最後の晩餐』を取り上げましょう。ルネサンス期の精神は、芸術に「あるがままを描く写実性（リアリズム）」を与えました。レオナルド・ダ・ヴィンチはこれを『最後の晩餐』において見事に表現しています（図2）。

この絵は、キリストが12人の弟子たちに対し、「明日、この中から私を裏切る者が出てくる」と発言した場面を描いたものです。画面を見ると、キリストのこめかみに消失点が置かれ、空間はそこに向かうようにして描かれています。遠近法です。キリストを中心に左右に広がるように描かれた十二使徒たちは、キリストの発言に動揺を隠せません。彼らは3人一組で描かれ、キリストから離れれば離れるほどその反応も大きな動きになっています。キリストの発言に対して、彼らの心理の動きが左右に広がっていく様子を写実的かつドラマチックに描いているのです。

このレオナルド・ダ・ヴィンチに傾倒した人物が聖母子画で有名なラファエロで、対抗した人物が『最後の審判』や『天地創造』で有名なミケランジェロです。この2人も同時代に活躍します。

さて、ルネサンスは芸術だけではありません。ヨーロッパ人は、キリスト教にとらわれず、あるがままの世界を正しく理解しようとしはじめます。科学の発達です。

宗教から科学へ

ルネサンス期のヨーロッパ人は、古代ギリシア・ローマの時代の科学（特に天文学）をも「復活」させ、中世の間に停滞していた科学は再び発達しはじめます。

天文学者があるがままの天体を観測してみたところ、どうやら天ではなく地が動いているということが明らかになってきました。ただし、キリスト教では天動説を教義に採用していたので、それを否定することはキリスト教を否定することを意味します。そうなれば宗教裁判にかけられ火炙《あぶ》りにされかねません。彼らが主張することは自らの生命に関わる問題であり、キリスト教との戦い、時代との戦いだったのです。ここに、3人の天文学者が現れ、それぞれ異なった戦いを展開していきます。

まず口火を切ったのはポーランドの天文学者コペルニクスでした（図3）。当時使用されていたユリウス暦では、1年の長さが実際よりもわずかに長く、暦の季節と実際の季節には約10日のずれが生じていました。コペルニクスはこの誤差に注目しました。彼は、古代に唱えられていた太陽中心説をヒントに、太陽を中心に置いて地球がその周りを公転するものとして計算しました。するとあらゆる天体の運行が綺麗に説明できたのです。彼は著書『天球回転論』において地動説を主張しますが、その出版は彼の死の直前でした。キリスト教の迫害を恐れ、うまく生き抜いたわけです。

これに続いたのはイタリアのジョルダーノ・ブルーノでした。彼はキリスト教の権威に対して臆することなく地動説を主張していきます。コペルニクスとは異なった生き方です。結局、彼は宗教裁判にかけられ死刑を宣告されてしまいます。しかし、彼は真理を恐れる教会に対して不敵にこう言い放ったと伝えられています。

「刑を受ける私より、あなたがたの方が真理の前に怯えているのではないか…!?」

やがて3人目の天文学者ガリレオ・ガリレイが登場します。彼は自ら製作した望遠鏡で天体を観測し、コペルニクスの地動説が正しいことを確信します。その頃問題とされていたのは月の存在でした。太陽を中心にして惑星が公転していたとしても、月はなぜ太陽の周りを公転しないのか、月だけがなぜ地球の周りを公転するのか、不釣り合いではないか、ということで天文学者は納得していなかったのです。しかし、ガリレオは木星の周りを公転する衛星を発見しました。つまり、太陽以外の惑星を公転する衛星の存在によって、月という衛星の存在は不釣り合いではなくなったわけです。ガリレオは、やはり裁判にかけられて自説の撤回を要求されます。ジョル

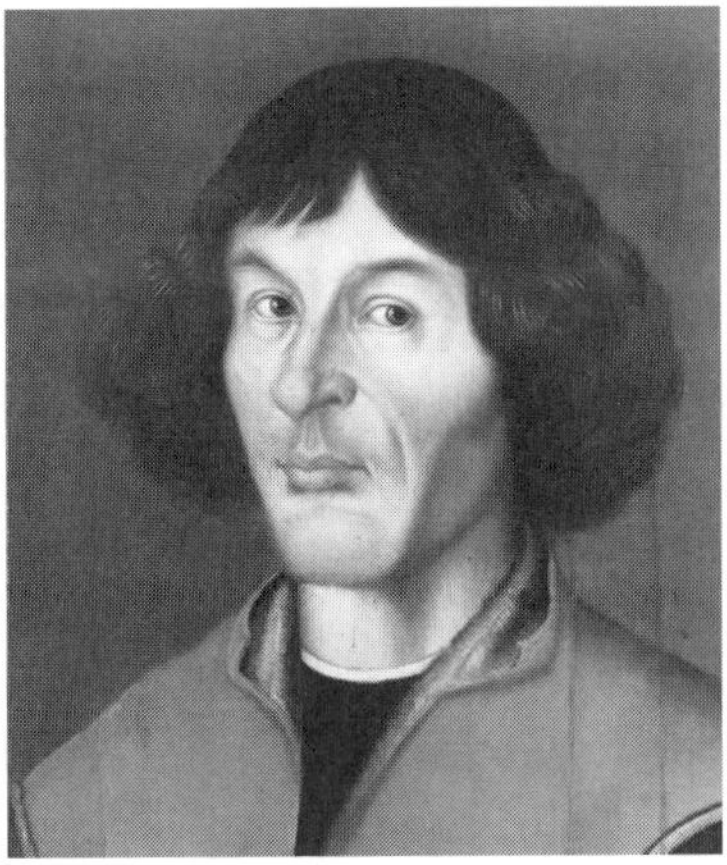

図3：ニコラウス・コペルニクス

ダーノ・ブルーノとは異なり、ガリレオはそれに従います。この時「それでも地球は動いている」とつぶやいたとされていることはあまりにも有名です。うまく生き抜いた者、戦った者、屈した者、生き方はそれぞれですが、時代は、こういった生命をかけた個人の力、天才とも呼べる個人の力で緩やかに変えられていくのです。

なお、この時代に明らかになったことはまだあります。それは、「地球が球体である」ということです。これもすでに古代ギリシアで判明していたことですが、この時代に復活することになり、大航海時代のコロンブスに影響を与えました。コロンブスは、地球が球体であるならば西に航海してもインドに到達できるであろうと考え、新大陸発見の偉業を成し遂げます。また三大発明が実用化されていくのもこの時代です。火薬は中世の象徴たる騎士階級の没落を促し、活版印刷術は新しいメディアとして宗教改革を、羅針盤は大航海時代を準備していくことになります。

歴史の見方② 科学力と軍事力

ここで、科学について重要な視点を示しておきます。それは、科学力は軍事力であるということです。

科学力とは軍事力である

科学は生活に応用されるものですが、戦争にも応用されます。現在でも一定の科学力・技術力を持った先進国でなければ核兵器を開発することはできません。逆に、戦争が科学の発展を促すこともあり、冷戦という対立があったからこそ人類の有人宇宙飛行や月面着陸は実現した、ということができます。このルネサンス期にヨーロッパの科学の発展がはじまりますが、それはヨーロッパが軍事力を向上させていくことに他なりません。つまり、本書の主人公であるヨーロッパは、のちのアジアへの侵略を準備しはじめたということなのです。

第2幕 宗教改革――我、ここに立つ

キリスト教に自由を与える

ルネサンスが頂点に達した頃、ヨーロッパではもう一つの変革が起きていました。宗教改革です（16世紀）。ルネサンスがキリスト教の支配から人間を解放する運動であるなら、宗教改革はキリスト教自体を束縛の緩いものにしていく試みといえるでしょう。

ここでいうキリスト教とは、いわゆるカトリックを指します。宗教改革では、カトリックから脱却した自由なキリスト教が打ち立てられていくことになりました。プロテスタントの誕生です。日本ではミッション系の学校は数多くありますが、カトリックの学校は校則が厳しいイメージがある一方、プロテスタントの学校は比較的自由なイメージがあるはずです。

宗教改革によりキリスト教は大きくカトリック（旧教）とプロテスタント（新教）に大別されていきます。その発端をつくったのが有名なルターです。彼の戦いを理解するには、舞台となった神聖ローマ帝国の状況と登場人物3人の関係を理解しておく必要があります。

神聖ローマ帝国と3人の登場人物

中世において、ドイツは神聖ローマ帝国と呼ばれていました。ドイツという国家ができるのは19世紀の後半です。この神聖ローマ帝国は、国としてのまとまりはあまりなかったといえます。皇帝は国を統治しきれず、帝国の各地には領邦と呼ばれる封建的な小国家が分立している状態でした。

さて、そんな帝国に3人の人物が登場します（図4）。1人目は皇帝カール5世。2人目は、この皇帝カール5世に対抗する領邦の君主たちです。両者は帝国の統一という観点において対立関係にあります。そして3人目はローマ教皇レオ10世です。ローマの人間がドイツにどのように関わるのでしょうか。彼は、即位とともにサン＝ピエトロ大聖堂の改築事業に着手します。莫大な資金を必要としたため、彼はまとまりのない神聖ローマ帝国に目をつけ、贖宥状《しょくゆうじょう》（詳細は後述）を販売することで帝国の領邦から搾取を進めていきます。神聖ローマ帝国は〝ローマの牝《め》

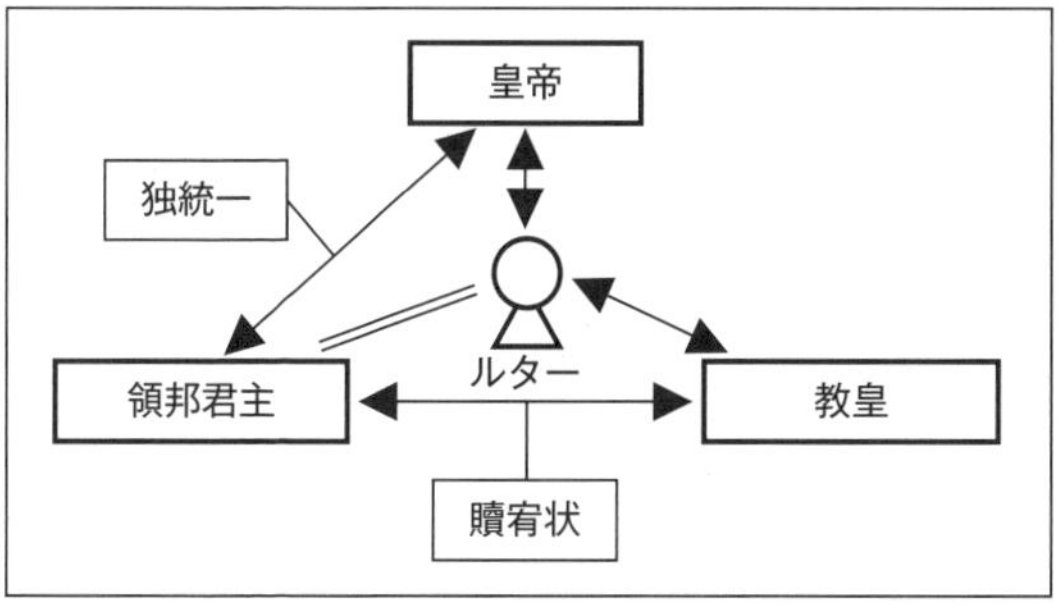

図4：神聖ローマ帝国に登場する3人の人物とルター

牛《うし》〟と呼ばれていたほどで、搾取は大変厳しいものでした。そのため搾取する教皇と搾取される帝国の領邦君主たちは対立関係にありました。

この三角形の真ん中にルターが登場すると、宗教改革の歯車が回りはじめます。ルターは教皇の販売する贖宥状と教皇の権威を否定していきます。無論、教皇にとってルターは敵になります。教皇はルターにとっても領邦君主にとっても敵ですから、「共通の敵」を持ったルターと領邦君主は手を結ぶことになります。その一方で、皇帝カール5世からすると、対立する領邦君主と手を組んだルターは「敵の仲間」ということで、やはり敵になります。おわかりでしょうか、ルターは、教皇と皇帝という中世を普遍的に支配した権威を敵に回すことになったのです。まさに時代と戦った人物といえます。では、その戦いともいえる人生を見ていくことにしましょう。

ルターの戦い1――自分との戦い

マルティン・ルターは、中部ドイツのザクセン地方にある小村アイスレーベンに生まれます（図5）。父親はルターを非常に厳格に教育し、父は成績優秀な息子が法律家として成功することを期待しました。親の願いに従い、ルターはエアフルト大学へ進学してエリートコースを歩んでいきます。しかし、親の期待と子の意思の間にある断絶は現代にもよく見られるものです。

親の気持ちをよそに、ルターは神学を志したいと考えていました。彼は、父の制止をふりきって修道士になってしまいます。

神に仕える身分となってから、彼は敬虔に神と向き合っていきました。祈り、働き、聖書を深く読んで多くの思想に触れていきます。しかし、もとより真面目な性格であったルターは、修行に励んでも心の平安を得ることはできませんでした。偉大な神の前で自分は正しいと言い切ることはできなかったのです。大きな存在である神に、冷酷で厳しい父親の姿を重ね合わせたのかもしれません。彼は神の前で露呈していく自己の内面の邪悪さに苦悩します。やがて、ルターは真のキリスト教を求めてヴィッテンベルク大学の神学教授になります。

ルターは、苦悩の中で神と人間の関係をとらえなおし、答えを見出していきます。従来の神は、人に対して容赦なく地獄行きを言い渡す「恐ろしい」神でした。人は、神と人をつなぐ聖職者にすがることしかできません。しかし、ルターは神を「優しい」存在としてとらえなおします。神に対して人が真摯に信仰を貫けば、神はきっと救ってくださる、正義と認めてくださる、そう考えるに至ります。これがいわゆる信仰義認説です。そして、その信仰の拠り所は聖書に求めるべきであって（聖書第一主義）、

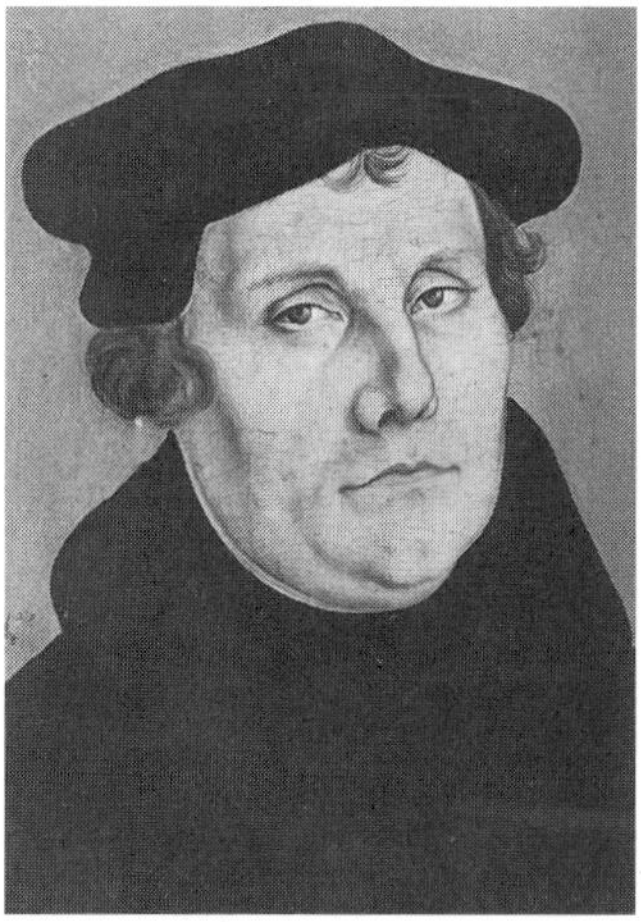

図5：マルティン・ルター

神と人の間には聖職者など必要ない（万人祭司主義）と考えます。神の厳しい教えを前にして、人々の気持ちを和らげてあげたといえるでしょう。

ルターは、自己の内部での葛藤に勝利し、人生に光を見出していきます。彼の中には改革者たる精神が密かに醸成されていきました。やがて、ローマ教皇の販売していた贖宥状が、ついにそのほとばしる闘争心を目覚めさせてしまいます。

ルターの戦い2—権威との戦い

カトリックの総本山たるローマ教皇庁は資金調達に迫られていました。教皇レオ10世はなかなか汚いやり口で資金繰りを企てます。贖宥状の販売です。贖宥状とは、ローマ教会が販売する「罪の許しが得られたとする有料の証明書」で、つまりは天国への切符です。ローマ教会はそんな胡散臭いものを帝国各地で売り出したわけです。神を恐れる民衆はこれに飛びつき、教会も節操なく各地で購入を呼びかけます。

「お金を箱の中にいれなさい！　チャリンと音が鳴りさえすればあなたの魂は天国行きだ。あなただけではない、あなたの死んだ親の魂さえも煉獄《れんごく》の焔の中から救い出されるでしょう！」

ルターはこれに納得できませんでした。彼の生涯をかけた戦いがここにはじまります。

「何を馬鹿な！　それでは金さえあれば救済されるということではないか！　キリスト教は貧

者のための宗教ではなかったのか？　信仰を貫くものこそが救済の対象となるのだ！」

ルターは贖宥状による魂の救済に疑義を呈する提題をヴィッテンベルク教会の扉に貼りだします。有名な『九十五か条の論題』です（1517年）。ルターは、教皇という強大な権威を相手に公開論争を挑んだのです。この時、ルターは33歳。彼は幾人かの論客を相手に己の主張を展開し、その中で教皇の権威をも否定していくことになります。

「教皇の権威を裏づける記述は聖書のどこにもありません」

ついに、教皇からルターに破門状が送りつけられる事態に発展。しかし、彼は学生たちの前で破門状を破り捨て燃やしてしまいます。熱狂する学生たちが目に浮かぶようです。

ルターは、自己の主張たる信仰義認説を『キリスト者の自由』に著します。これらは大量に印刷され帝国内に広まっていきます。ここには、ルネサンスの中で普及したグーテンベルクの活版印刷術の成果があります。ルターの戦いは新しいメディアによって支えられていたのです。

彼の改革を支持したのは、反教皇、反皇帝の立場をとる領邦君主たちでした。ルターにとって宗教改革は神学上の問題であったのですが、これは神聖ローマ帝国をめぐる政治問題にも発展し、領邦君主を巻き込む動きになっていきます。そうなると、皇帝カール5世は看過できません。ルターはその真意を問われます。

ヴォルムス帝国議会にて　カール5世とルター

「マルティン・ルター。説明させるため、汝をここへ召還した。汝は汝の主張を守り続けるつもりか」

「陛下、私は何ごとも取り消すことはできません。またそれを欲しません。私はここ（聖書）に立ちます。私はこのほかに何もできません！　神よ、我を助けよ、アーメン！」

彼の見解は一点の曇りもなく表明され、権威に対して一歩も引くことはありませんでした。ルター派は帝国で禁止され、彼は祖国から追放されることになります。

国外退去を言い渡されたルターは、ヴォルムスをあとにし、テューリンゲンの森へと向かいます。しかし、ルターは森の中で5人の覆面の男たちに襲われ連れ去られてしまいます。ドイツから忽然《こつぜん》と姿を消してしまったのです。人々の間では、ルターは鉱山で殺されたとか、匿われているとか、ルターの噂ばかり。真相はどうであったのでしょうか。

実は、ルターは彼を支持する領邦君主に匿われていました。彼はここで新約聖書のドイツ語訳を書き上げます。聖書をもとにした信仰を呼びかける以上、人々に聖書を読ませなければなりません。この頃の聖書はラテン語で書かれていたため、一般庶民には読めなかったのです。

さて、一方、その頃帝国はある戦争に直面していました。イタリア戦争です。これは神聖ローマ帝国とフランスがイタリアを奪い合った戦争です。この戦争を受けて、皇帝カール5世は突如ルター派を承認します。どういった風の吹き回しなのでしょう。帝国はこの戦争で首都ウィーンを包囲されていました。しかし、この窮状を乗り切ると、カール5世は手のひらを返すようにルター派を再禁止しました。この時、ルター派領邦君主たちは皇帝に抗議文を提出します。これがプロテスタントという呼称の由来です。では、この一連の動きにはいったいどういった意味があったのでしょうか。

歴史の見方③

組織について1――内と外

ここで、組織がとる普遍的な動きを提示しましょう。組織というのは、集団という程度の意味でとらえてください。国家も組織ととらえて考えてみましょう。

内を固めて外へ

組織が外に出る場合は内が固まっていることが必須条件といえます。会社内で意見の一致もないのに海外進出をしてもうまくいきません。外に注力しなければならない時に、内が足を引っ張るようでは成功の見込みが薄くなるのは必然です。今回のカール5世の動きも同様に考えることができます。カール5世は当時、内のルター派、外のフランスと、内外に二つの敵を抱えていました。優先せざるを得ないのは外の敵です。だから、内は固める、内の敵とは仲良くやっておくことが必要です。しかし、ウィーンの包囲は終わり、外の敵も去りました。そうなれば、内の敵と仲良くやる必要もなくなり、再禁止に至ったというわけです。

ルター派を支持する領邦君主は再禁止に猛反発します。ここで皇帝カール5世とルター派領邦君主たちとの間には、帝国の統一をめぐる決定的な一戦を交える必要が生じることになりました。

ルターの戦い3──リンゴの木を植える

宗教改革は、ルターによって神学上の問題としてはじめられました。しかし、すでに問題はルターの手から離れ、帝国の統一という政治問題へと発展していました。『九十五か条の論題』から約30年、神聖ローマ帝国では皇帝と領邦君主たちの間でシュマルカルデン戦争が勃発します。その中でアウクスブルクの宗教和議（1555年）が結ばれ、結局、領邦君主たちにはカトリックかルター派かを選択する権利が認められます（領邦教会制）。神聖ローマ帝国の分権化はよりいっそう進むことになり、その解体に一歩近づくことになりました。

ルターはこの戦争のさなかに、故郷のアイスレーベンでこの世を去ります。62歳でした。ルターの残した名言の中に「たとえ明日世界が滅ぶとしても、私はリンゴの木を植えるだろう」というものがあります。多くの人は、美味しいものを食べるとか、愛する人と時間を過ごすとか、そういうことを考えるのではないでしょうか。しかし、ルターは違います。彼は、世の中に流されず、そして己のことは顧みず、すべきことをするのです。つまり、戦うのです。ルターの生涯は「戦いの人生」といえます。皆さんは、世界をどう理解し、どう変えるべきだと思いますか。皆さんの『九十五か条の論題』は何でしょうか。ルターの生き方は私にも皆さんにも、そう問いかけているようです。

その他の国々の宗教改革

ドイツにはじまった宗教改革は、スイスやイギリスでも展開されます。スイスではカルヴァン派が生まれます。カルヴァン派は「天職」の概念を生み、蓄財を承認したため、商工業者に広まっていきました。20世紀の経済学者マックス・ヴェーバーは『プロテスタンティズムの倫理と資本主義の精神』において、カルヴァン派の普及と資本主義の発展の関係を指摘しています。これからの時代は商工業者による資本主義の時代になっていくため、カルヴァン派は各地に普及し、フランスではユグノー、オランダではゴイセン、イギリスではピューリタン、スコットランドではプレスビテリアンと呼ばれていきます。イギリスでは、国王ヘンリ8世の離婚問題という珍奇な原因を発端として、イギリス国教会が樹立されます。ルター派を含めたこれら新しい諸派は、カトリック（旧教）に対してプロテスタント（新教）と総称されていくことになります。こうして、多くの国がカトリックの支配、つまりローマ教皇の支配から脱却していったのです。

ヒステリー化するカトリック

さて、この間カトリック側は何をしていたのでしょうか。脱カトリックの動きに対して、何もしていなかったわけではありません。ローマ教会を中心に、対抗宗教改革と呼ばれる運動を展開していました。カトリックによる巻き返し運動です。

旧教徒たちは、この危機に対して一致団結します。教皇至上権が確認され、反カトリック的な人々の魔女狩りと宗教裁判の強化、さらには禁書目録の制定など、ある種ヒステリックな運動を行っていきます。

こうしたネガティブな動きだけではなく、ポジティブな動きもはじまります。それがイエズス会による海外伝道の強化です。イエズス会は、イグナティウス・ロヨラや有名なフランシスコ・ザビエルらによって設立されたカトリック教団で、教皇に対する絶対服従を誓い、厳格な規律を持った精鋭たちの集団です。彼らはアジアを中心にカトリックの布教を行い、海外でのカトリック優位に尽力します。ザビエルは日本にもやってきました。彼らの努力が実を結び、世界的に見れば今でもカトリックの人口はプロテスタントのそれを上回ります。

歴史の見方④　組織について2―危機は団結を生む

このカトリックの動きにも組織の普遍的な動きを見ることができます。すでに【歴史の見方③】で「内を固めて外へ」という動きを確認しましたが、その動きに大きく関わるものです。

危機は団結を生む

組織の危機は団結を促します。【歴史の見方③】の「内を固めて外へ」に重ねれば、外からの危機は内の団結を促す、内は固めなければならない、ということです。危機による不安は人々の結びつきを強めます。例えば、東日本大震災という困難に直面した日本国民は団結し、「絆」を合言葉に結びつきを強めました。政界においては挙党体制の実現を求める声さえあがりました。宗教改革はカトリック側にとっては危機だったわけです。

この組織の危機が極端なものになり、個人が追いつめられていくと、ヒステリーも生まれます。組織の内部の危険分子を攻撃していくのです。つまり、魔女狩りです。東日本大震災の時にも「放射能ヒステリー」や「反原発ヒステリー」という言葉が出てきました。関東大震災の際にも、混乱した日本人による朝鮮人の虐殺が行われました。いわゆる「集団ヒステリー」の状態です。当時のカトリックも同じような状態だったのでしょう。

さて、ルネサンスと宗教改革は、ともに新たな人間像を打ち立てました。自由で自主的な人間を創造したのです。そして、人々は自らが立って見る世界を、ヨーロッパから海の向こうの全世界へと広げていきました。大航海時代の到来です。

第3幕 大航海時代——広がる視野、現れる大陸

中世の海

ルネサンスがキリスト教からヨーロッパ人の心を解放することによって、人々の現実への好奇心、見たい、知りたい、わかりたいという探究心も放出されることになりました。やがて人々の目は海の彼方へと向けられていくことになります。大航海時代です（15〜17世紀）。

中世の間、西欧の人々の経済活動は農業でした。それは陸地に限定された閉じた活動です。ヨーロッパの人々は「井の中の蛙」であり、そこから出てみたのが十字軍（12〜13世紀）になります。同じ頃、東方貿易と呼ばれる海上での経済活動もはじまります。その富の蓄積がルネサンスを準備したことは確認した通りです。ただ、海上貿易とはいえ、それも地中海に限定された活動でした。大航海時代は、中世ヨーロッパの閉ざされた陸や海から世界へ飛び出していこうとする試みといえるでしょう。

ヨーロッパ人を刺激したのは、十字軍やマルコ・ポーロによってもたらされたアジアの情報でした。進んだ文明を開花させていたイスラーム、豊かなインドや中国、そして黄金の国ジパ

ングの情報がヨーロッパにもたらされ、アジアへの憧れを人々に掻き立てました。やがてヨーロッパ人はその目的地をインドに定めていきます。ここには、人間の食に対する執着心がありました。

東方貿易は、北イタリアと地中海東岸をつなぐもので、アジアから香辛料や絹織物などの奢侈品を輸入していました。しかし、この貿易は15世紀になると思うように進まなくなります。取り引きの場である地中海東岸にイスラームを国教とするオスマン帝国が勢力を広げたためです。ヨーロッパにはインドの香辛料、特に胡椒が入ってこなくなってしまいます。この胡椒はヨーロッパ人の食には欠かせないものでした。

実は、ヨーロッパの緯度は私たちがイメージするよりも高く、そのほとんどの国が日本より北に位置していて農業にはあまり向かない地域です。ヨーロッパ人は、冬の間、秋に殺した家畜の肉で少しずつ食いつないで生活していました。冷蔵庫がないため腐敗が進みますが、その腐敗防止や味つけに胡椒は使われていました。それがなくなるというのは大問題です。皆さんも、これから米が食べられなくなるとか、味噌汁が飲めなくなるとか、そんなことが起きたらとても耐えられないでしょう。人間の食に対する執着心というのは意外にも強い原動力になるのです。こうして、西ヨーロッパの人々は地中海を通らずにインドに行く航路を模索せざるを得なくなったわけです。

人魚・片脚族・無頭人――未知なる世界へ

大航海時代は船乗りたちの夢と冒険の時代です。しかし、そんなワクワクするような話だけではありません。15世紀のヨーロッパ人の世界観に立って世界をとらえていきましょう。ヨーロッパ人の世界地図は、古代ローマの時代（2世紀頃）から変わっていませんでした。どれだけ中世という時代が閉鎖的な世界であったかを物語る事実です。図6は、プトレマイオスが150年頃に著した『地理学』におさめられている世界地図を15世紀に再構成したもので、当時のヨーロッパ人の世界のイメージといえます。これを見ると、ヨーロッパについてはわりと把握しているようですが、インドとその向こうははっきりしません。また、大西洋の西側、アフ

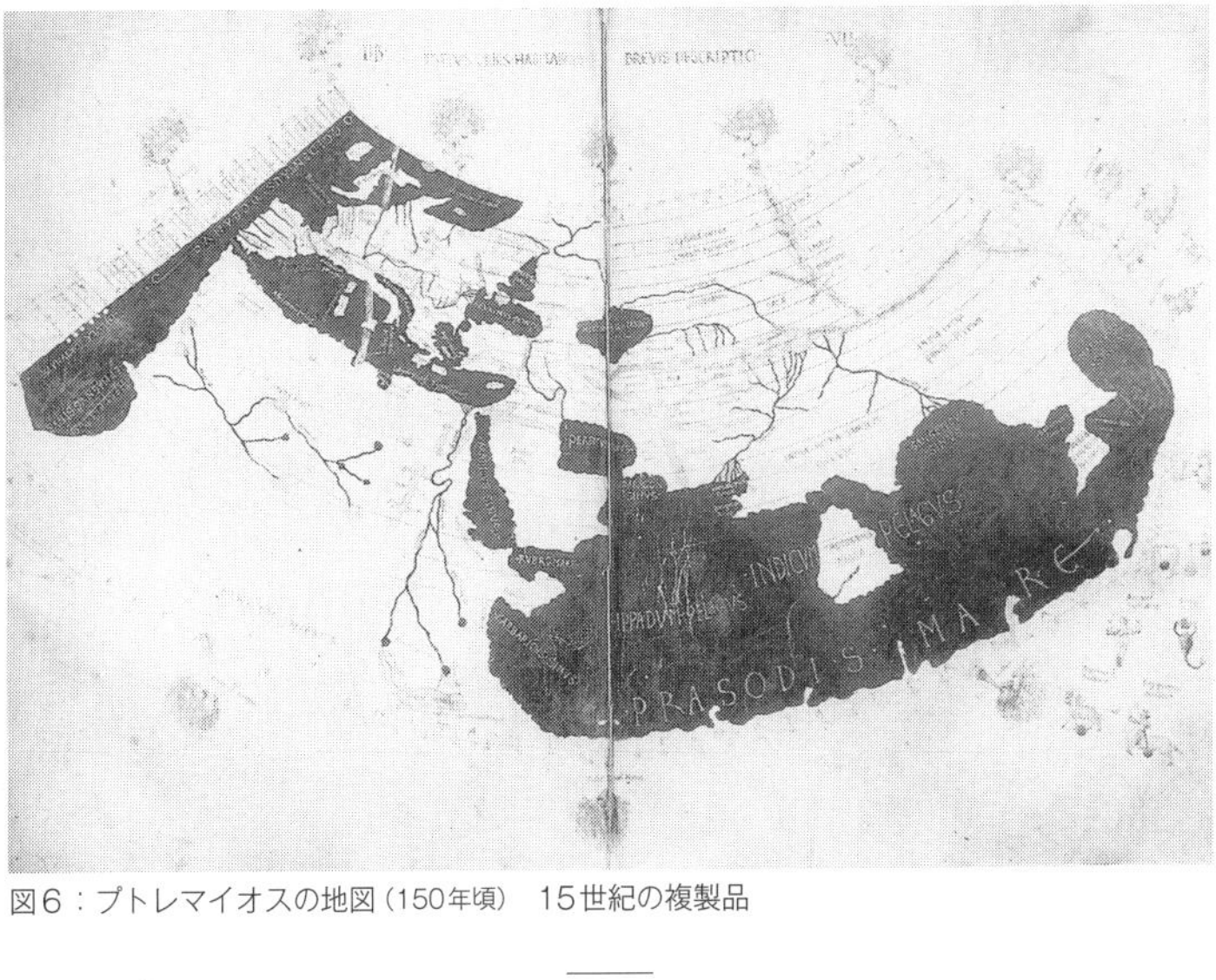

図6：プトレマイオスの地図（150年頃）　15世紀の複製品

リカ南部についてもその知識に限界があったことがわかります。

さらに、ルネサンスが起こったとはいえ、まだまだ伝説と迷信が支配する時代です。人魚の存在が信じられ、インドには片脚族が、アフリカには無頭人が住むとされていました（図7・図8）。マルコ・ポーロなどの海外経験者の情報がもとになっているわけですが、海外旅行の体験談はだいたい尾ひれがつくものです。ポルトガルやスペインの人々が船出しようとした世界は、こうした謎と伝説に包まれた未知なる世界だったのです。

ポルトガルはアジアへ

大航海時代は、大西洋側のポルトガルやスペインによって、好奇心と冒険心、そして略奪と虐殺をともなって進められていきます。ポルトガルは東回り航路でインドを目指しました。その皮切りとなったのが、〝海と結婚した王子〟と呼ばれたポルトガルの王子エンリケです。

彼の命で船乗りたちはアフリカ西北岸を南下しました。しか

図7：無頭人　（ニュルンベルク年代記より）

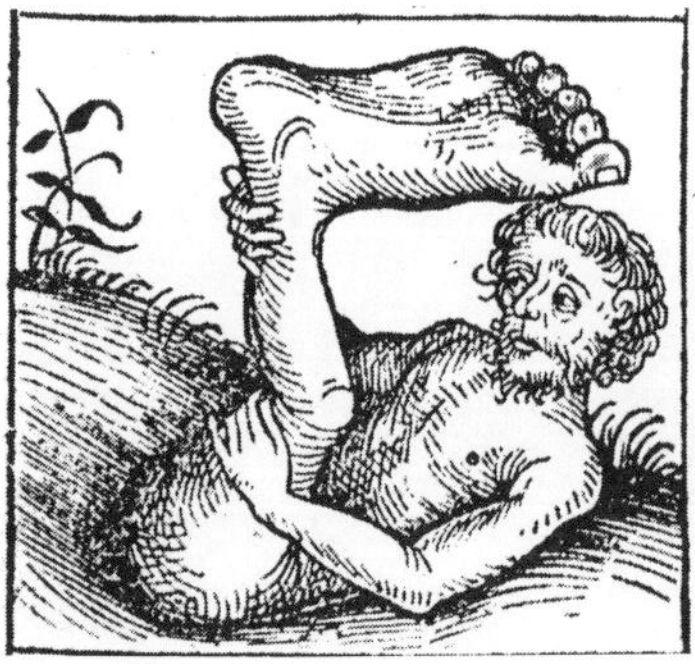

図8：片脚族　（ニュルンベルク年代記より）

し、ある地点から先へ進むことができません。それはボジャドール岬。この岬は〝不帰の岬〟、その向こうは〝暗黒の海〟と呼ばれ、海は暑さのため沸騰し、陸には怪物が住むとされていました。そしてさらに進むと海は滝となって落下していると信じられていたのです。エンリケは「岬を越えて南進せよ」との命令を出しますが、船乗りたちは15年間もその命令を拒絶し続けます。やがて、腹を決めた船乗りたちはボジャドール岬の先へと船出します。たどり着いたのはアフリカの最西端であるヴェルデ岬でした。

続いてバルトロメウ・ディアスがその先の航海に挑戦します。ディアスはアフリカ最西端を回り、大陸に沿うように航海していきます。しかし南下していく途中で嵐に見舞われます。航海者が戦ったのは伝説や迷信だけではないのです。ディアスの船団は荒れ狂う波によって難破してしまいます。幾日が経過したのか……ディアスが意識を取り戻すと船は航海を続けており、羅針盤で方向を確認してみると船は東に向かって進んでいました。嵐の中でアフリカ大陸を迂回していたのです。彼は北上を試みますが、危険を避けて断念することになります。ディアスは南端部の岬を嵐の岬と名づけましたが、これでアフリカ大陸を迂回してインドにたどり着く可能性が開けたため、のち喜望峰と改名されます。

ディアスの成果をもとに、インド到達を成し遂げたのは有名なヴァスコ・ダ・ガマでした（1498年）。これによって、アジアとの貿易の流れは地中海から大西洋側へと移行していきます。ポルトガルは、ヨーロッパのアジアにおける最初の植民地ゴアを建設し、さらに東南アジアへと手を広げます。香辛料の主産地であるモルッカ諸島を領有し、香辛料貿易で莫大な富を築いていきました。さらに北上し、中国のマカオ、そして日本の種子島に漂着します。日本史でおなじみの鉄砲伝来です（1543年）。こうしてポルトガルは命がけの航海の結果、いち早くアジアへと進出して胡椒による利益を独占していきました。

ビジネスにおいて「新しい領域では早い者が勝つ」というルールの典型です。ポルトガルに勝つためには別な領域を開拓する必要があります。ライバルのスペインは新たに西回りでのインド到達を目指し、そこで、ポルトガルの香辛料に勝るとも劣らないものを獲得することになります。

スペインは新大陸へ

ポルトガルが東回りで実績をあげている頃、1人の航海者が西回りでの航海を思い描いていました。地球は丸い……丸いのであれば西から行ってもインドには到達できるはずだ、と。ルネサンスによって、トスカネリによる地球球体説は徐々に普及していました。羅針盤などの技術革新も含めると、ルネサンスなしに大航海時代は到来しえなかったといえるでしょう。

コロンブスはイタリアのジェノヴァ生まれの航海者です。彼の構想を実行に移すには、地中海で東方貿易を行っていたイタリアでは不可能でした。そこで建国されたばかりのスペインの門を叩きます。コロンブスは、ポルトガルに差をつけるためには西回りでの航海が有効であることを説き、スペイン王の支援を取りつけることに成功します。

コロンブスが直面した最初の困難は同乗する船乗りを確保することでした。当時のヨーロッパ人の常識から考えると、西の海へ航海することは自殺行為です。そこで、彼は罪の取り消しと引き換えに囚人たちを船乗りとしました。ここに、未知の世界へ船出する犯罪者たちを乗せた船団が組織されることになります。

コロンブスの航路を見ていくと、西へ向かうほど、一直線であった航路がジグザクなものになっていることがわかります。コロンブスは船乗りたちの反乱、しかも犯罪者たちの反乱に悩まされたのです。実はディアスがアフリカ沿岸の北上を断念したのも反乱のためでした。この時代、航海者たちにはとてつもない統率力、さらには自らの生命をかけられる程の好奇心と探求心が必要とされたことが想像に難くありません。航海者の合言葉は「生きることは重要ではない。航海することが重要なのだ」というものでした。ルネサンスも宗教改革もそうですが、変革の中には生命をかけた個人の戦いがそこにあるのです。コロンブスはいいます。

「地球は丸いのだ！　西へ航海すれば必ずインドにたどり着ける！　あと3日だけ待ってくれ、3日経って大陸が見えなければ引き返そう！」

果たせるかな、3日目には海に流木を発見、その夜には漆黒の闇に明かりが！　コロンブスが漂着したのは、カリブ海のサンサルバドル島。彼はこのあたり一帯の島々を西インド諸島と名づけ、先住民をインディオ（インディアン）と呼びました。コロンブスはこの地をインドと信じて疑わなかったのです。

ここはインドではないですから、目的である香辛料、すなわち胡椒はなく、のちに発見される金銀もここでは見つけられませんでした。コロンブスは何も持ち帰ることができなかったわけです。帰国したコロンブスは、インドに到達したと訴えますが、証拠品ともいえる胡椒を持ち帰ることができなかったため詐欺師の扱いを受けてしまいます。コロンブスの航海が偉業であったことがわかるのは、この地がヨーロッパ人にとっての新大陸であったことが判明した時になります。

世界周航に挑む

コロンブスに続き、カボット父子の北アメリカ探検や、カブラルによるブラジル発見を経て、アメリゴ・ヴェスプッチによってここがアジアではなく新しい大陸であることが証明されます。彼の名をとって大陸は「アメリカ」と名づけられました。さらにのち、バルボアによってアメリカ大陸の向こうに海があることが発見されます。そうなると「行ってみよう」となるのが、見たい、知りたい、わかりたいという時代を生きるヨーロッパ人です。航海に挑んだのはマゼランでした。

マゼランは、アメリカ大陸を南進し、最南端を迂回、太平洋へと進みます。アメリカ大陸の向こうの海は非常に穏やかであったため「太平洋」と名づけられました。しかし、その名前とは逆に、それは地獄のはじまりでした。ここからマゼランの船団は3か月間陸を見ることはなく、幾日も幾日も水平線、同じ景色の中で航海が続きます。食料には虫がわき、水も腐敗しはじめます。船員は牛の皮、オガクズ、ねずみなどを食べたようです。そして、ビタミン不足に陥った乗組員を壊血病が襲います。歯茎からは血が流れだし、多くがこの病気で倒れていきました。これが大航海時代の現実です。太平洋を横断したマゼランの船団はフィリピン諸島のセブ島に漂着します（1521年）。フィリピンは当時のスペイン皇太子フェリペにちなんで名づけられたものです。

マゼランはこのフィリピンのセブ島付近で、原住民との争いであっけなく戦死してしまいます。残る航海は部下たちだけで続けられたのです。インド洋を進み、アフリカ西岸を北上、スペインのサンルカール港に帰還した時、5隻で出港した船団は1隻になり、乗組員256名は18名になっていました。地球を1周、航海距離にして8万km、3年間に及ぶ歴史的航海は壮絶な大航海となりました。

世界をとらえたヨーロッパ

さて、コロンブスやマゼランによって、「地球は丸い」ということが身をもって証明され、ヨーロッパ人は全世界をその視野におさめていきます。

経済活動もその規模が変わり、それまで地中海で行われていた海上貿易は、7つの海をまたにかけた世界規模の海上貿易に変わっていきます（商業革命）。また、ヨーロッパの商業の中心地も、かつてのイタリア諸都市から大西洋側の都市に移っていきました。ポルトガルはアジア貿易を展開し、香辛料による莫大な利益を上げます。スペインは新大陸で銀の採掘を行い、世界中に銀をもたらしていくことになります。

銀の採掘の労働力とされたのは先住民インディオでした。先住民の人口は過酷な強制労働によって激減していきます。新たな労働力として、アフリカから連れてこられた黒人たちが奴隷として使われました。奴隷問題の起源はここにあります。銀はヨーロッパにもたらされ、銀価の下落を引き起こします（価格革命）。また、太平洋をわたって中国にも運ばれていきました。新大陸原産の作物も世界中に届けられていくことになります。トウモロコシ、ジャガイモ、サツマイモ、トマト、タバコなどです。新大陸でタバコは儀式などに使われていたようですが、ヨーロッパ人によって嗜好品として広められていきます。当時、タバコを知らないヨーロッパ人は、新大陸帰りの喫煙者を見るとその人が「火事になった」と思って水をかけた、なんてエピソードも残っています。

地球規模で商業活動が広がる中、世界的な分業体制である「近代世界システム」が成立していきます。そう指摘したのはアメリカの歴史家ウォーラーステインです（1970年代）。これは、世界を「中核」と「周辺」とに分け、両者の対抗関係から世界の大きな動きをとらえようとするものです。中核は強国を意味し、例えばヨーロッパを指します。周辺は弱小国、例えばアジアを指します。本書の構成もそうなっていますが、ここからはヨーロッパとアジアの対抗関係によって歴史は進んでいきます。ヨーロッパがアジアを利用しながら「金儲け」をする時代に入っていくのです。

第4幕 絶対主義諸国(陸)――陸の攻防

絶対主義国家の構造

これまで見てきた一連の変革とともに、16世紀のヨーロッパには絶対主義国家なるものが誕生しました。16世紀から18世紀にかけては絶対主義時代といえます。国家の中心は絶対君主と呼ばれる国王であり、その運営は絶対王政という体制によってなされていく時代です。

絶対君主の権力は、王権神授説によって正当化されていました。しかし、必ずしもその地位が「絶対的」とはいえない面もあります。それは、この体制は国王のみで成り立つものではなく、貴族や市民の協力によって成り立っているといえるからです。ここには時代の社会的変化を読み取ることができます。

中世も終わりに近づくと、いわゆる封建勢力は没落しはじめ、貴族と呼ばれるようになっていきます。国王は貴族の地位を保障するかわりに、官僚や兵士として利用していきました。貴族の協力なしにはその権力の行使に限界があったのです。なお、この体制を維持するには、彼らに俸給を支払う必要がありました。絶対王政は金のかかる体制なのです。そこで、国王は台頭しつつあった商工業者に目を向けます。彼らは市民（ブルジョワジー）と呼ばれる新興の勢力です。王は彼らに特権を与えることで経済活動を支援し、その代償として財政を援助させました。やはり市民の協力なしにはその体制の維持はできなかったのです。

絶対王政は、古い階級と新しい階級、没落する貴族と台頭する市民という社会的変化の中で、両者のバランスをとる形で成り立った体制といえるでしょう。

ところで、こうした絶対主義国家の出現は、実は現在の世界を理解する上で非常に重要な出来事だったといえます。なぜなら、ここに、「国家」の誕生と、私たちが今置かれている「国際」政治、経済、社会の起源があるからです。ここにも、宗教の時代を脱却しようとする時代の前進を見ることができます。

「国家」が生まれる

実は、中世には私たちが考えるような「国家」はありませんでした。確かに、国はありますし王もいます。しかし、それらを上から支配していたのはキリスト教の長たるローマ教皇でした。フランスという国はあっても、フランスを動かすのは王ではなく教皇です。つまり、国の中心が不透明なのです。そうなればフランス王の支配領域、つまりフランスという国の領域（国境）も曖昧なものになってしまいます。要するに、国家の概念は、その中心も領域も曖昧でぼんやりとしたものでしかなかったのです。人々も自分がどこの国に所属しているのかはっきりとは意識していません。中世の人に「あなたはどこの人ですか」と問えば、荘園や教区の名を挙げるでしょう。もっと大きな枠組みで問えば「私はクリスチャンです」と答えるでしょう。中世という時代は、国が分立しているというより一つのキリスト教世界ととらえるべきです。しかし、キリスト教の時代は、教皇による十字軍の失敗によって崩れはじめます。

近世に入ると、ヨーロッパでは、神は天に去り地には人が立ちます。キリスト教のベールは取り払われ、そこに現れたのが、国王を中心にまとまりを見せた絶対主義国家でした。これこそが、現在の私たちの国家観である「主権国家」です。

国が主権国家であるためには二つの条件を満たす必要があります。一つは主権の所在が明確であること、もう一つは領域（国境）が明確であることです。主権というのは国を動かす対内的にも対外的にも唯一の力をいいます。国の中心に立った王は絶対君主と呼ばれ、国をまとめる中心的な存在になっていきます。無論、そのまとめる領域も明確に意識されていきます。

このような「国家」によって関係（外交・戦争）が築かれている状態を「主権国家体制」といいます。現在の世の中に当然のようにある「国家」「国際関係」という概念ができたのはこの絶対主義時代だったのです。この秩序は、この先の歴史の中で全世界に広げられていくことになり、私たちもその秩序のもとで生きています。

では、まずはその絶対主義国家の内部の様子、特に国王がどのように貴族や市民をまとめたのかを覗いてみましょう。中でも「朕は国家なり」という言葉を残したといわれ、実に華やかに国をまとめたルイ14世という主権者、フランスという主権国家を見ていきたいと思います。

「朕は国家なり」ルイ14世

16世紀以降、西ヨーロッパには多くの個性的な絶対君主が出現します。「太陽の沈まぬ国」と呼ばれ、無敵艦隊（アルマダ）を率いたスペインのフェリペ2世、「私は国家と結婚した」という言葉を残したイギリスのエリザベス女王、とりわけフランスのルイ14世は典型的な絶対君主といえるでしょう（図9）。

図9：ルイ14世

17世紀に入ると、仏ブルボン朝はルイ14世の72年にもわたる治世のもとで最盛期を迎えます。王は太陽王と自称して国家の中心であることを示し、ヴェルサイユ宮殿を建造して国政の拠点としていきました。

ルイ14世は3000人もの貴族たちをヴェルサイユに住まわせ、自らの行動を儀式化して彼らを関わらせていきました。朝、王の服を着替えさせる役目、食事をともにする役目、ハンカチを手渡す役目、散歩に付き添う役目、仕事はたくさんあり名誉にも差がありました。貴族たちは競って王のご機嫌を伺います。ルイ14世は豪華できらびやかな服装の者を選んだため、貴族たちは「おしゃれ」でも競ったりしたようです。フランスがファッションの国となったのもここに起源があるのかもしれません。王はいいます。

「自然界に太陽が唯一の存在であるように、国家に国王は無二の存在である。私は太陽だ。人々に光をもたらし、触れるものすべてに善を宿すことができる」

王の行動はとても影響力があるので、貴族は固唾《かたず》をのんで見守っていたに違いありません。

「人々を楽しませることだ。人々は自分たちが好むものを王が好んでいるのを見ると嬉しく思うものだ。これが時として報酬を与えるよりも人々の心をつかむ」

この言葉は現代を生きる組織のリーダーたちにも響く言葉ではないでしょうか。

この時代、主権者はその主権の及ぶ範囲を明確にしなければなりませんので、国王の仕事は国家の領域を確定することでした。そこでルイ14世は多くの戦争を行っていきます。三十年戦争への介入を続けるとともに、四つの侵略戦争を立て続けに起こして領土拡大に成功していきます。この戦争を支えるため軍隊の整備も進みました。フランス軍は厳格な規律を持ち、充実した装備を整え、ヨーロッパ最強の軍隊となっていきます。

また、絶対王政を維持するために経済政策も積極的に進めます。国内では毛織物産業を興し、国外ではアジア貿易の独占権を付与された東インド会社を支援、新大陸にもその手を広げていきました。

このように、ルイ14世は貴族を官僚や兵士として利用し、一方で市民（ブルジョワジー）の経済活動も支援しながら国をまとめました。ヨーロッパはこうした「国家」が分立する世界になります。ただし、そこには問題もありました。あの狭いヨーロッパに国家がひしめき合えば国家間の勢力争いが激しくなるのは必然です。絶対主義時代は「戦争の時代」なのです。高校の世界史の教科書に載っているこの時代の戦争は20件近くもあります。

その一つが、ルイ14世の時代にも行われていた三十年戦争です。この時代、ヨーロッパで特に大きな勢力を誇ったのが、ハプスブルク家の支配する国家であり、カトリックの国家でした。ハプスブルク家の支配した主な国はスペインと神聖ローマ帝国（独）です。ブルボン家の支配するフランスは両国に挟まれる形になります。そういった勢力の不均衡から、フランスはハプスブルク家両国と激しく対立、そこで勃発した初の国際戦争が三十年戦争です。

三十年戦争

このルイ14世がフランス王として即位した頃、ヨーロッパの中心部にある神聖ローマ帝国（独）では内乱が起きていました。この戦争は、その後30年間続いたため三十年戦争と呼ばれます（1618〜1648年）。これは最後で最大の宗教戦争でもあります。

神聖ローマ帝国の実態は領邦の分立状態でした。ルターによる宗教改革の中で、アウクスブルクの宗教和議が結ばれ、領邦の君主が新教か旧教かを選択できるようになったため、神聖ローマ帝国では新教を奉ずる諸侯と旧教を奉ずる諸侯との対立が生まれます。戦争は帝国の一辺境にあるベーメンという領邦での反乱から始まりました。

ベーメンでは、旧教徒の君主（のち神聖ローマ皇帝に即位）が新教徒の住民を支配していたため反乱が起きます。これに帝国の諸侯たちが介入、旧教諸侯は君主を、新教諸侯は住民を支援し、戦火が拡大していきました。やがて、神聖ローマ帝国の周辺国が干渉しはじめ、

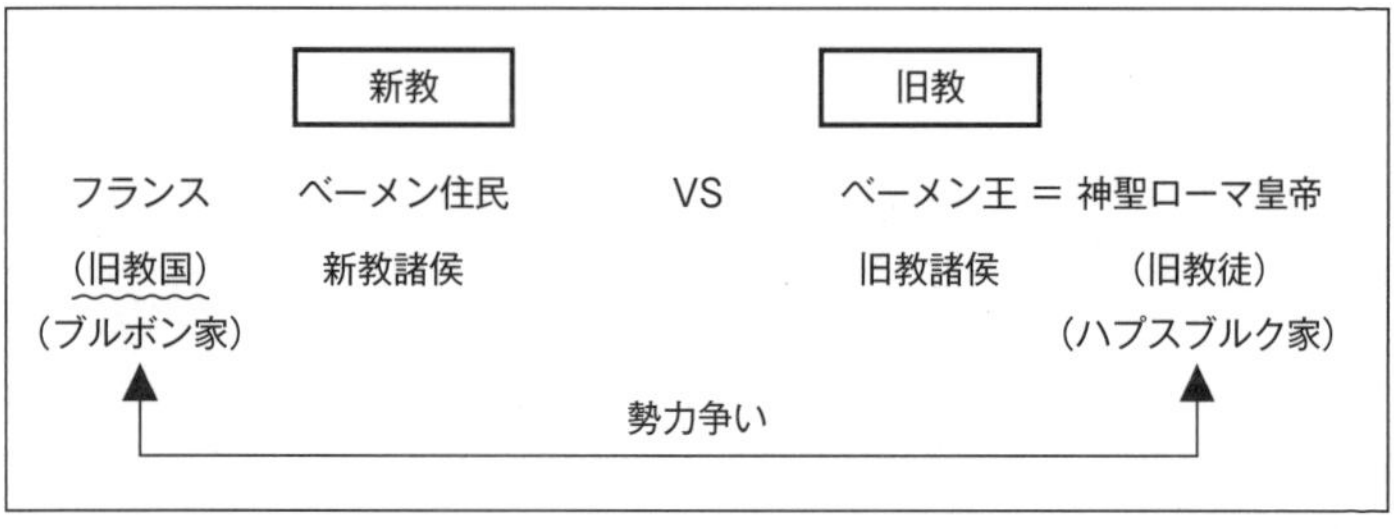

図10：三十年戦争の対立関係

戦雲は全ヨーロッパを覆っていきます。しかし、新教側の黒幕としてフランスが関わってくると、戦争の性格は宗教戦争というより、国家間の覇権争いの意味合いが強い国際戦争になっていきます。というのは、フランスは旧教国でありながら、反ハプスブルクの立場を優先して新教国側に立って参戦したからです。つまり、図10のように、ブルボン家のフランス王とハプスブルク家の神聖ローマ皇帝の勢力争いになったわけです。

結局、この戦争はブルボン家のフランスの勝利に終わり、ハプスブルク家は凋落、戦場となった神聖ローマ帝国は荒廃し、その解体は決定的となりました。

初の国際戦争、国際会議、国際法

この三十年戦争は、各国が主権国家の立場で戦ったものであり、初の本格的な「国際戦争」といえます。また、講和会議も主権国家の代表の話し合いとして行われたので、初の「国際会議」となります。中世まで、国家間での戦争が行われたり、国家代表による会議が開かれたりといったことはありませんでした。中世に国家はないに等しいわけですから当然です。中世での戦争といえば、異民族や異教徒との戦いであり、中世の大規模な会議といえば、ローマ教皇の召集によって開催される宗教会議であり、決して国家と国家によってではなかったわけです。

歴史の見方⑤　「ヨーロッパの平和」の問題1

さて、こうして生まれた「国際戦争」を受けて、ヨーロッパの人々は「国際平和」、特に「ヨーロッパの平和」について考えていくようになります。戦争は惨禍をもたらすとともに、平和への希求も生み出していきました。

30年にもわたる戦争が終わると、ウェストファリア条約（1648年）によって平和維持のためのウェストファリア体制なるものがつくりあげられました。

初めて考え出された平和の原則は、主権国家体制における国家間の力の「均衡」です。三十年戦争はハプスブルク家とブルボン家の勢力のバランスが崩れたために生じた国際戦争でした。これを反省する必要があります。そこで、各国が同程度の力を持つことで平和を維持しようとしたのです。

さらに、オランダの法学者グロティウスは『戦争と平和の法』を著し、主権国家体制において国家が守るべき法の必要性を提唱しました。初の「国際法」です。

ヨーロッパの平和の原則は「均衡」
主権国家体制における勢力均衡を維持すること。
その他「国際法」の制定など。

残念ながら、このウェストファリア体制という平和システムは恒久的に平和を維持することはできませんでした。これ以降、歴史の中で何度も大規模な国際戦争は起きていきます。人々はその度に「では、どうしたらよいか」と、知恵を絞って「ヨーロッパの平和」について考えていくことになります。現在、その解としてEUがあります。EUは経済統合としてのイメージが強いため、ノーベル平和賞を受賞したことに疑問を持った読者も多いでしょう。しかし、EUは、ヨーロッパの苦悩と惨禍、そしてそれを乗り越えようとする平和への希求の結実としてのプロジェクトです。では、これはどのような歴史の蓄積に基づいて形成されていったのか、それを理解することをこれからの私たちの目標の一つとしましょう。

「3枚のペチコート作戦」

東ヨーロッパでも絶対主義国家、君主は登場します。しかも、この時代は女性の活躍も際立っています。特に注目に値するのはオーストリアのマリア・テレジアです。彼女は、女帝として君臨するとともに、この時代には珍しく恋愛の末に結婚、母親として16人もの子供を出産し育てた烈女です（図11）。

彼女が君主に即位する際、女性であることに対して周囲から反発の声が上がり、戦争にまで発展してしまいます。オーストリア継承戦争です。彼女を攻撃した男たちの1人がプロイセンのフリードリヒ2世でした。この戦争は理不尽な理由にもかかわらずマリア・テレジアは敗北、フリードリヒにシュレジエンという要地を奪われてしまいます。この時から、マリア・テレジアにとって彼は生涯の宿敵となったのでした。

図11：女帝マリア・テレジア

彼女は復讐のため、国内を改革し国力を充実させていきます（歴史の見方③）。そして〝3枚のペチコート作戦〟と呼ばれる対プロイセン包囲網を密かに築き上げます。フリードリヒは女性を蔑視するような発言の多かった人物です。マリア・テレジアは、彼を嫌う2人の女性、すなわちロシアの女帝エリザヴェータ、さらに仏ルイ15世の愛人であるポンパドゥール夫人を引き込み、女性同盟を結成しました。ここにはじまった女の復讐が七年戦争です（図12）。

プロイセンは三方向から追いつめられ、苦戦を強いられます。家臣の間にも厭戦ムードが漂い、講和を進言する者も現れはじめます。しかし、フリードリヒは屈辱の敗北を受け入れません。

「去れ！　臆病者！　余は倒れるまで剣を放さぬ！」

プロイセンはじりじりと迫られ、首都を残すのみとなります。フリードリヒは戦場で銃弾にさらされ、乗っていた馬も被弾するありさま。彼の運命ももはやこれまで、3人の女性が間違いなく彼の首を締め上げると思われたまさにその時、マリア・テレジアにとっては悪夢であり、フリードリヒにとっては奇跡が……。フランスが海外植民地をめぐるイギリスとの戦争に敗北したため離脱、ロシアのエリザヴェータも病気で急死、代わって即位した皇帝はプロイセンと講和を結んでしまいます。首都陥落の一歩手前まで追いつめておきながら、結局、仲間を失ったオーストリアは勝ち切ることができず、彼女は涙をのむことになります。彼女はよく頑張りました。この二つの戦争の最高指揮官であるとともに、妻であり、毎年のように妊娠と出産を繰り返していた母でもあったのですから。

「私は、誰よりも慈愛に満ちた女王であり、どんなことがあっても正義を守る国母でありたいのです」

プロイセン　VS　オーストリア ―マリア・テレジア
ロシア ―エリザヴェータ
フランス ―ルイ 15 世（ポンパドゥール夫人）
―女性同盟

図12：七年戦争の対立構図

彼女の激動の人生は、言葉通りの優しさと強さ、そして華やかさに彩られていますが、不幸や苦渋もありました。よき理解者であった夫が亡くなってからは、毎日喪服で暮らしていたようです。彼女は63歳で亡くなり、最愛の夫の隣に葬られます。彼女の時代に完成したウィーンのシェーンブルン宮殿は、今ではオーストリアの象徴となっています。

さて、東西ヨーロッパの陸で攻防が繰り広げられていた時、諸国は海でどのような動きをしていたのでしょうか。

第5幕 絶対主義諸国(海)――海の攻防

これからは「金儲け競争」の時代

前幕において、絶対主義時代は「戦争の時代」であり、それによって「ヨーロッパの平和」の問題が生まれたことを確認しました。一方で戦争は多くのことを必要とし、戦争に勝つためのものが国家単位で追求されました。

一つは【歴史の見方②】で示したように「科学力」です。各国君主は科学アカデミーを創設し、その技術の開発に力を入れていきます。17世紀には科学革命が起こり、またニュートンやケプラーなどが登場して自然界の研究が進んでいきます。

もう一つは「経済力」です。戦争には武器、弾薬、食料、多くの物資が必要で経済力がモノをいいます。国家は戦争に勝ち抜いていくために金儲けをしなければならないことになったのです。この国家による国富増大のための経済思想を重商主義といいます。「朕は国家なり」ですから、国王が国家の金儲けを担うことになります。各国君主は、台頭する商工業者の一部に特権を与えて金儲けを支援し、かわりに財政援助をさせるという政策をとりました。この構造はすでに確認しましたが、これは絶対王政を維持するためだけではなく、戦争に勝ち抜いていくためにも必要なことだったわけです。これが国家間での「金儲け競争」である資本主義のはじまりです。その舞台となったのは、大航海時代によって広がった世界の海でした。

各国はこぞってアジアや新大陸へ進出し、海での熾烈な争いを繰り広げます。この時代は陸でも海でも覇権争いが行われたということです。

「太陽の沈まぬ国」スペイン

最初に経済的に繁栄したのはポルトガルやスペインでした。大航海時代で新世界に飛び込んだ「早さ」がその地位を築きます。ポルトガルはアジアの香辛料で、スペインは新大陸の銀で財政を潤わせました。特にスペインは、豊富な資金によって無敵艦隊（アルマダ）と呼ばれたヨーロッパ最強の海軍を整備します。やがてスペインはポルトガルを併合、スペインは新大陸の銀に加え、ポルトガル領であったアジアの香辛料の利益も独占して莫大な富を懐におさめていくようになります。そして大航海時代の成果を独り占めしていきました。

しかし、そのスペインも斜陽を迎えます。スペインが没落するきっかけは、オランダ独立戦争に敗北し、オランダの独立を許してしまったことでした（１６０９年　正式独立は１６４８年）。この戦争でイギリスがオランダを支援し、イギリスによってスペインの無敵艦隊は撃破されてしまいます。ポルトガルやスペインの切り開いた海に秩序を与え、覇権を握ったのはこの新興の海洋国家オランダでした。

オランダのビジネス

オランダは、ヨーロッパ内陸部を流れるライン川の河口に位置するため、ヨーロッパ中から川を下って物資が集まりました。オランダの商人は、仕入れた物資をヨーロッパ大陸を囲む北海やバルト海、さらには地中海を通じて売りさばいていきます（中継貿易）。ともにスペインを破ったイギリスとは協力関係を築き、イギリスで生産された羊毛をもとに毛織物を生産していきました。ヨーロッパ外では、新大陸とアジアへ進出します。新大陸にはニューネーデルラント植民地を建設、アジアでは大航海時代にポルトガルが築いた領土を次々に奪っていきます。アフリカ南端のケープ植民地、インド南方のセイロン島、さらにはインドネシアのジャワ島を領有、北上して台湾や日本にまでやってきます。鎖国中の日本と出島で取り引きした唯一のヨーロッパの国はオランダです。こうして、アジア方面を一気に制圧していきます。自国で生産したモノ、ヨーロッパで生産されたモノ、アジアで生産されたモノ、これらを海上貿易で売りまくり、一躍経済大国にのし上がっていったのです。オランダが活躍した17世紀は「オランダの世紀」と呼ばれます。

さて、【歴史の見方①】で確認したように、経済力があれば文化が発展します。17世紀のオランダには、絵画においては『夜警』のレンブラント（図13）、『真珠の耳飾りの少女』のフェルメールが登場し、興隆する市民たちの生活が描かれます。法学者グロティウスは『戦争と平和の法』や『海洋自由論』を著し、新しく主権国家体制が築かれた陸に、そして新しい空間である海においても国際法という秩序を与えます。

しかし、栄枯盛衰は歴史の理です。オランダもやがてその覇権を失ってしまいます（図14）。理由の一つに、オランダの主力商品であった香辛料の人気が落ちてしまったことが挙げられます。大航海時代であれば、苦労して手に入

図13：『夜警』レンブラント（アムステルダム国立美術館）

れた香辛料は高級品ですが、アジアへの航海が容易となった時代では、その価値が下がるのも当然でしょう。もう一つは、やはり主力商品であった毛織物工業においてイギリスに競り負けたことが挙げられます。当初イギリスは原料である羊毛を生産してオランダに輸出、オランダは加工・染色を行い完成品にする、という具合に両国は協力関係にありました。しかし、イギリスは自国で完成品を生産できるようにしてしまいます。そうなると、関係は一転して対立関係になり、イギリスにとってオランダは競合他社となってしまいます。結局、三度にわたる英蘭戦争でオランダはトドメを刺されます。

勝利するイギリスのビジネス戦略

オランダの空前の繁栄を、イギリスは嫉妬を超えた羨望のまなざしで見ていました。イギリ

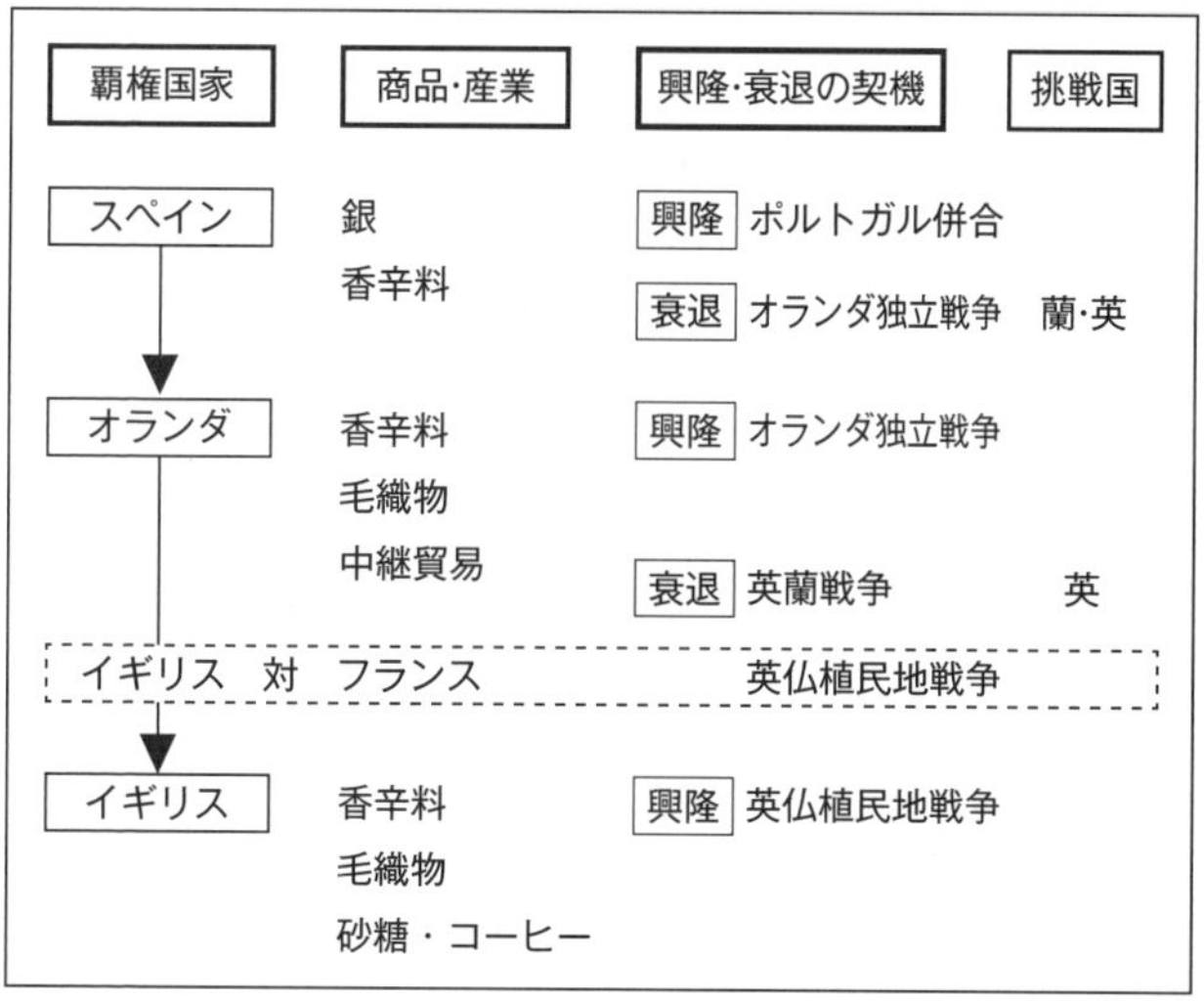

図14：覇権国家の変遷

スはオランダ独立戦争でスペインを破り、さらに英蘭戦争でオランダを蹴落とし、覇権掌握の機会を窺います。そのためには、同時に台頭してきたフランスを破る必要がありました（図14）。英仏はともにヨーロッパ、北米、インドの三つの地域に勢力を張っていたため、三つの地域で同時に戦争を展開していきます。これが100年間も続いた英仏植民地戦争（17〜18世紀）です。

1763年にパリ条約が結ばれると、フランスは多くの海外領土を失ってこの戦争に敗北します。北米からは撤退を余儀なくされ、インドにおいても劣勢が確定します。のちのイギリスによるインド植民地化の前提はこの戦争にありました。そしてインドでは次世代のヒット商品である綿織物の輸入に成功し、のちの産業革命の前提にもなっていきます。

勝敗を分けたものはやはり「経済力」でした。イギリスは当時のヒット商品である毛織物工業で順調に利益を上げていましたが、フランスはそうではありませんでした。フランスはルイ14世の時代に多くの誤った判断をしたといえます。度重なる戦争で財政を浪費しすぎてしまったこと、そしてカトリックを強制することでプロテスタント（毛織物業者）の流出を許してしまったことなどがそれにあたります。ルイ14世は、その風貌に見られるように、自らの権威の誇示を第一としていて、国家の長期的戦略はあまりなかったように見えます。確かに、ヨーロッパ内での勢力を拡大することには成功しましたし、国内をカトリックで統一することは国家統一の面では意味のあるものでした。しかし、経済力あっての絶対王政ですし、経済力あっての国家間競争です。それをないがしろにすれば覇権を握ることはできません。

なお、イギリスが勝利できた理由は経済力だけではありません。覇権国家の変遷には、組織が勝つために必要な一つの真理を見出すことができるでしょう。

歴史の見方⑥ 組織について3——勝つ組織と負ける組織の違い

覇権国家の変遷に見られる真理。それは、勝つためには「変化」に対応しなければならないということです。

勝つ組織は「変化」に対応できる組織

スペインもオランダも、現在の状況がいつまでも続くと考えてしまったために凋落しました。スペインが基盤とした銀はやがてその価値が下落し、オランダが主力とした香辛料ものちに人気が落ちていきました。時代は刻々と変わっていくのです。オランダの場合は競合他社の出現(イギリスの台頭)という変化にも警戒心が薄かったといえるでしょう。逆にイギリスは、香辛料に執着せず、さらに毛織物から綿織物への変化にも対応していったからこそ勝つことができたのです。

企業も、人間も、変化に対応できなければ凋落を免れません。勢いのあった企業が破綻したニュース、もてはやされていた著名人が落ちぶれてしまった記事はよく見かけますが、良い状況がいつまでも続くなんてことはありえないのです。だからこそ、私たちには「歴史の見方」が必要なのでしょう。過去から現在を明らかにし、進むべき未来を断じる、そうした時の流れをとらえようとする視点は、歴史を学ぶことで培われます。

さて、ヨーロッパは、政治的にも経済的にも、そして精神的にも中世から緩やかに脱却しはじめました。やがて歴史は近代へと劇的に展開していきます。その爆発的な力はどこからくるのか、次章の「近世Ⅱ（破壊と創造）」で見てみることにしましょう。

第2章　近世Ⅱ　破壊と創造

――ヨーロッパの飛躍

本章の内容

第6幕　イギリス革命	———イギリス人の請願
第7幕　産業革命	———競争が患う病
第8幕　アメリカ独立革命	———切り離される新大陸
第9幕　フランス革命	———自由・平等・博愛
第10幕　ナポレオン	———栄光と流血、賛美と憎悪

歴史は革命の時代へと向かいます。本章「近世Ⅱ（破壊と創造）」では、古い中世の破壊と新しい近代の創造、そうした時代の劇的な変化を見ていきます。宗教に束縛された「不自由・不平等」の時代は終わり、「自由・平等」の時代へと進むのです。

革命では、自由・平等の理念のもと、新しい秩序や新しい国家が生まれていきます。その動きは、イギリスをはじめ、大西洋を挟んだアメリカ、そしてフランスで次々と起きました（大西洋革命）。

時代の急激な変化は、英雄や天才、烈女といった特別な個人の力だけでは起こりません。それらに加え、名もなき人々の力の爆発、その相互作用のうねりによって歴史は変えられていくのです。ここでは、そうした民衆たち、そしてその指導者たちに注目して追っていくことにしましょう。

◉近世は「中世から近代へ移行する過渡期」

近世は古い中世を壊し、新しい近代をつくりあげていく「変化」の時代。

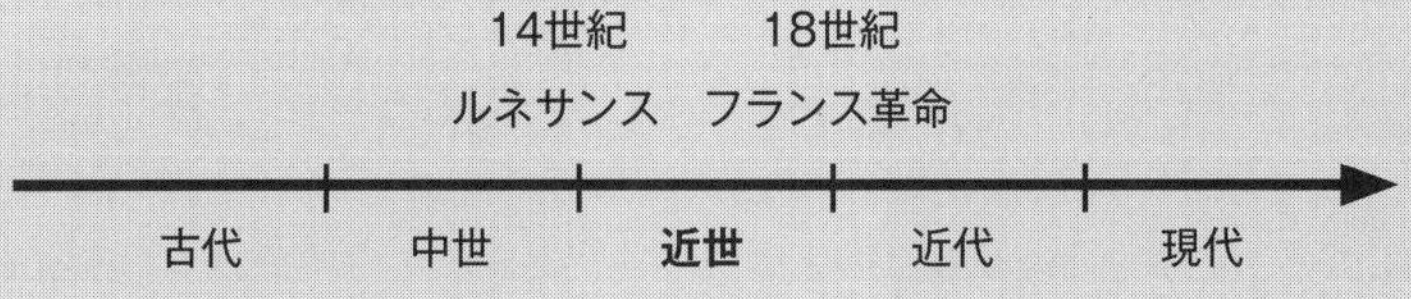

中世から近代へ移行する過渡期

［変化］

近世Ⅰ＝緩やかな変化

近世Ⅱ＝劇的な変化

第6幕　イギリス革命――イギリス人の請願

暗黙の了解

中世末期の13世紀、王権が強大化していく中で、イギリスには一つの伝統が生まれます。これは、国王の度重なる失政に対して、貴族が「国王といえども守らなければならないルール」を提示した大憲章（マグナ・カルタ）に端を発します（1215年）。ここでは王権の制限（不当な課税や逮捕の禁止など）が規定されています。貴族たちはさらに「国王といえども尊重しなければならない機関」として議会を創設しました（1295年）。これが、イギリス議会政治のはじまりです。イギリスには「国王といえども勝手な行動は許されない」という歴史的な暗黙の了解があるのです。

17世紀、イギリス議会に進出していたのはジェントリと呼ばれる地主階級でした。彼らの多くは、経済的には毛織物工場の経営を行い、宗教的にはピューリタンに属していました（商工業者にはカルヴァン派が多い）。史上初の革命となったイギリス革命（ピューリタン革命と名誉革命）は、国王と、議会に進出したジェントリの間の「暗黙の了解」をめぐる衝突として起こることになります。

革命前夜

絶対主義時代を現出したテューダー朝の最後の君主は有名なエリザベス女王でした。彼女は処女王と呼ばれ、生涯結婚をしていません。したがって世継ぎはおらず、テューダー朝は断絶します。そこで、スコットランドの王をイングランド王として迎えることになり、新たにステュアート朝が成立しました。

王の名はジェームズ1世。彼は外国人です。王は、即位のためにロンドンに向かう途中、王のそばで逮捕されたスリに対して裁判もなしに絞首刑を言い渡したといいます。どうやらこの外国人の王はイギリスの「暗黙の了解」を理解していなかったようです。この時、すでに革命は予告されていたといえるでしょう。

ピューリタン革命、海の向こうで起こる

ステュアート朝の創始によって、スコットランドとイングランドは同君連合となりました。ジェームズは、即位のため、スコットランドのエディンバラを出発してロンドンを目指します。

その姿は堂々たるもので、馬を巧みに操り、貴族たちの行列を引き連れて目的地へと向かっていきました。一行はその途中でとある大富豪の家で二夜を過ごします。その家の名はオリヴァーといい、王は家の者と食卓を囲み夕食をともにします。この家には4歳になる幼児がいました。名前はオリヴァー・クロムウェル。もしかしたら王はこの幼い子供をあやしたり、抱きかかえたりしたかもしれません。しかし、この幼児が、のちにピューリタン革命を指導し、このジェームズの息子チャールズを処刑に追いやっていく人物になろうとは、その場にいた誰もが予想だにしなかったことでしょう。

王はジェームズ1世としてイングランド王に即位します。王はのちにこのように語っています。

「王が神とされるのは正しい。なぜなら、地において王は天の神にも似た権力をふるっているからである」

以降、ジェームズ1世は王権神授説を信奉し、強力に絶対王政を進めていきます。議会を無視し、自らはイギリス国教会を信奉してピューリタンを弾圧、特権商人を保護して王室財政を充実させていきました。議会のジェントリはピューリタンであり、特権商人に不満を持つ商工業者です。議会にとってはすべてマイナスの政策をはじめたのです（図15）。

続く息子チャールズ1世が即位すると、父と同様の絶対王政を推し進め、王と議会の対立は激化していくことになります。

イギリスでは王であっても議会を尊重することが暗黙の了解です。議会は国王チャールズ1世に「権利の請願」を提出し、議会に同意のない課税や不法逮捕の禁止を要求します（1628年）。伝統を守るよう請願したのです。王はこれをいったんは承認しますが、無視して議会を解散、徹底政策と呼ばれる専制政治を推し進めていきます。その後も国王は議会の召集、解散を繰り返し、その度に国王と議会は衝突していきました。議会は王の失政を厳しく非難した文書「大諫奏《だいかんそう》」を提出、159対148の僅差で通過させます。イギリスでは国王といえども勝手な行動は許されない！　159名の中には、成長したあのオリヴァー・クロムウェルの姿もありました（図16）。王につくか、つかないか、議会は真っ二つに割れました。王は軍隊を召集、議会もこれに対抗して兵を集め、ここに革命の火蓋が切られることになったのです。

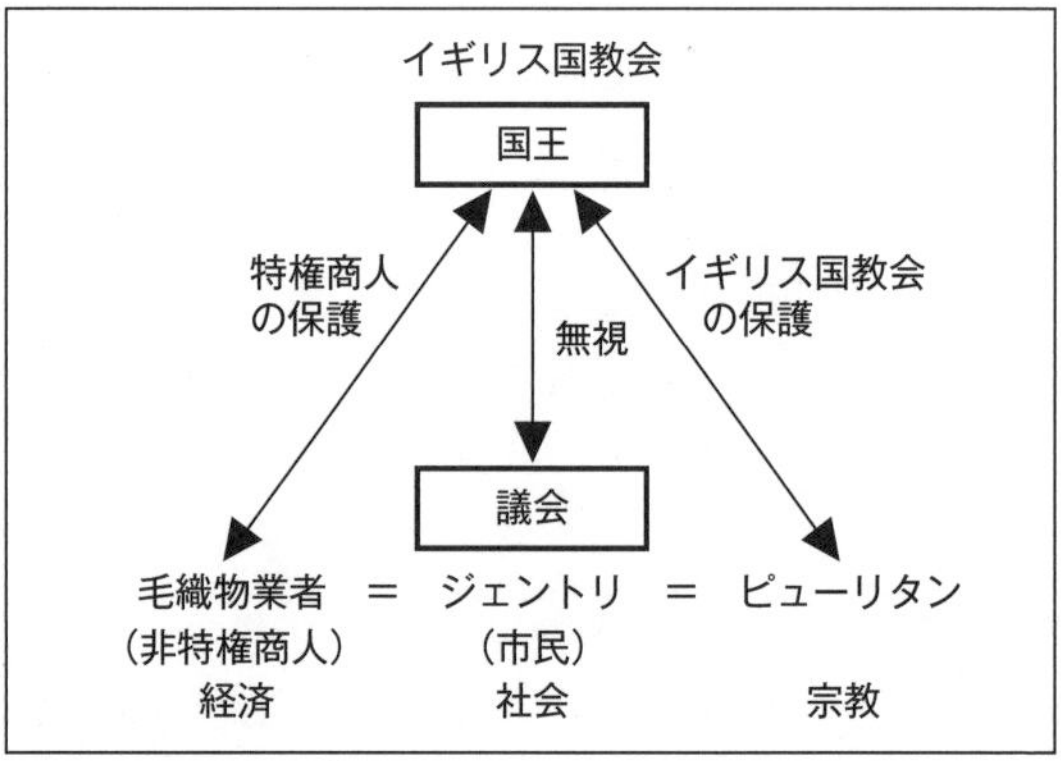

図15：国王と議会の対立

オリヴァー・クロムウェル

ピューリタン革命は、議会と国王のエッジ・ヒルでの衝突にはじまります。しかし、議会は緒戦で敗北してしまいます。原因は軍隊にありました。国王の軍隊は訓練を積み、戦闘経験者で成り立っていましたが、議会の軍隊は民兵であり国全体のことに対しては士気は高くなかったのです。クロムウェルは軍の改革を急ぎ、私財を投じて鉄騎隊なる私兵をつくりあげます。彼はこのように発言しています。

「私は、自ら剣をとり、そして自分が何のために戦うのかを知っている者を求めている。いわゆる紳士と称するだけで、何もしようとしない者など無用だ」

成功をおさめる組織においては、構成員に当事者意識と目的意識があります。そして指導者の役割はそれを構成員に理解させることです。議会の軍隊はこの鉄騎隊にならって全面的に改組され、新型軍と呼ばれるようになります。この改革が功を奏し、ネーズビーの戦いでは議会が完全な勝利をおさめます。国王は亡命を試みましたが、結局は議会に引き渡されることになりまし

図16：オリヴァー・クロムウェル

た。

その後も、王は勢力の回復を図り、策謀をやめません。そこで議会はやむなく王の処刑を決定します。王が存在する以上、革命が進まないことがはっきりしてきたのです。判決は1月27日に下りました。

「チャールズ・ステュアートは暴君である！　この国の善良な人々に対する反逆と殺人の罪で斬首とする！」

クロムウェルも次のような言葉をもらします。

「恐ろしい……いかなる者でも王を廃することなど許されぬ。だが、これは神の摂理だ」

1月30日、チャールズ1世はホワイトホールの外側に設けられた処刑台に上がります。鈍い冬の太陽の光の下、2時4分に刃が下りました。目撃者の1人は次のように記しています。

「その時、その場の何千もの人々が重く低い声をもらした。我々はついに自分たちの王を処刑してしまった！　聞いたこともない声、また二度と聞きたくもない声だ」

図17：英王チャールズ1世

こうしてチャールズ１世は、フランスのルイ16世、ロシアのニコライ２世に先んじて国民によって処刑されたのです（図17）。

この時代の処刑は斧で執行されます。残虐なもので、一度で首を切り落とすことはなかなか難しかったといいます。つまり二度三度要したということです。それはあまりに残虐であるとして、フランス革命中にギロチンという機械が発明されることになったのです。

王のいない政治

国王チャールズ１世の処刑によって、王のいない政治、共和政（コモンウェルス）がクロムウェルによってはじめられていきます。イギリス史上唯一国王がいなかった時期です。

彼らが目指したのは革命の完結でした。革命には、変革に反対して元に戻そうとする勢力、変革をさらに推し進めようとする勢力が常にいます。考え方の違う者が必ずいるのです。特に、金持ちが目指す社会と貧乏人が目指す社会は異なります。金持ちは現状で金持ちであるわけですから、現状を抜本的に変えることを好みません（穏健）。しかし、貧乏人は現状を根本的に変えないと生活は良くなりません（過激）。

クロムウェルらは中産階級でした。権力を掌握したのですから、元に戻す必要もなければ先に進む必要もなく、ここで革命を終わらせることこそが重要だったのです。クロムウェルは金持ちたちの党派を討伐し、貧乏人たちの党派も弾圧して消滅させました。

しかし、金持ちたちの党派による反革命の勢いが増すと、これを抑え込むため、クロムウェルは事実上の独裁政治をはじめました。共和政とは名ばかりで、クロムウェルは護国卿と呼ばれる最高官職に就き、徐々に独裁の色を強めていきます。国内からは不満の声が上がりはじめます。クロムウェルはのちに亡くなりますが、その死後、護国卿の地位には息子のリチャードが就き、独裁政治は続きました。そして革命の揺り戻しの機会が生まれていくことになります。

名誉革命

クロムウェルらの創造した共和政は、独裁政へと変貌し、行き詰まってしまいました。人々は声を上げはじめます。こんなことなら昔の王政の方がまだましだった、と。そこで、かつて国王を支持した人々によって王政が復活させられてしまいます。

即位したのは処刑されたチャールズ1世の息子チャールズ2世でした。もちろん議会を尊重することを認めた上での王政復古です。しかし、チャールズ2世もそれに続く王も、議会を尊重することはありませんでした。議会は王権を抑制するため、再び法によらない逮捕、裁判の禁止を要求していきます。またも王と議会は同じ理由で衝突します。

結局、議会は王を説得することをあきらめ、王の娘であるメアリに即位を打診しました。イギリス革命における国王はいずれも空気の読めない人物ばかりでしたが、最後の最後は空気を読んだのか、王はフランスへと亡命、入れ替わる形で娘のメアリが即位することになります。この革命は平和のうちに政権交代が成し遂げられたため、名誉革命と呼ばれます（１６８９年）。国王メアリは「権利の宣言」で王権に対する議会の優越を認め、それを明文化した「権利の章典」を制定しました。

以降、イギリス国王は議会と協調し、近代的な君主政（立憲君主政）を定着させていきます。のちに、ステュアート朝が断絶するとハノーヴァー朝が成立し、そのもとで政党政治や責任内閣制など、近代的議会政治のシステムが整っていくことになります。このハノーヴァー朝が現在のイギリス王室です（名称は、のちにウィンザー朝と改称）。

革命とは何であったか

この史上初の革命を理論的に説明したのが、ジョン・ロックです（図18）。『市民政府二論』において、彼は「人はどうあるべきか」「国家はどうあるべきか」「革命とはなんであるか」を説明しています（図19）。

◎人はどうあるべきか（自然権）

人は生まれながらに自己の生命、自由、財産を守る権利を持つ。

◎国家はどうあるべきか（社会契約説・三権分立論）

国家は、自然権を確実に守るため、その権利を社会の手に、そして社会が自らの上に立てた政府に譲渡することで成立する。

その権力は立法権・行政権・連合権（外交権）の三権に分立させるべきである（のちモンテスキューによって連合権のかわりに司法権が置かれる）

◎革命とは何であるか（革命権）

政府が人民からの信託に反した場合は、打倒することができる。

ロックの思想は、大西洋の向こうで起こるアメリカ独立革命を思想的に擁護していくこととなります。その前に、同じくイギリスで起こった産業革命について見ておきましょう。イ

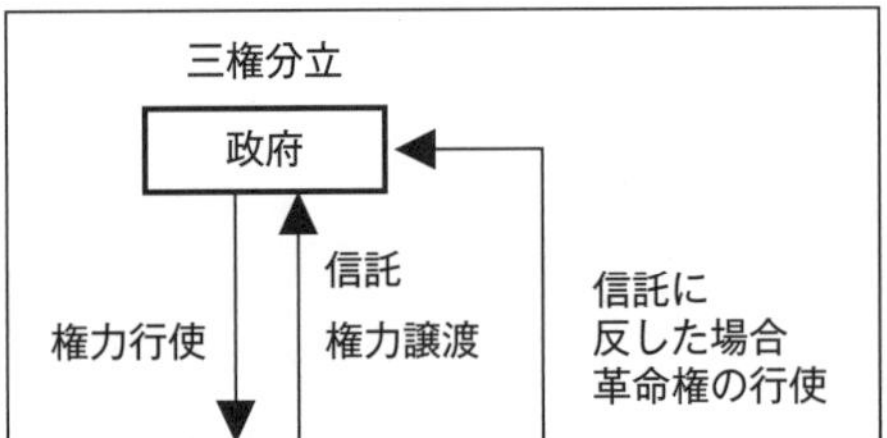

図19：ロックの思想

図18：ジョン・ロック

ギリスは、大陸諸国に先駆けて市民革命と産業革命を終わらせ、ヨーロッパの最先進国となっていきます。

第7幕　産業革命──競争が患う病

もっと金儲けがしたいとなると

さて、イギリスは17世紀に市民革命を早々に終え、さらに１００年後の18世紀には産業革命も経験します。イギリスは、大陸に対していち早く近代という時代に進みます。絶対主義時代、各国は重商主義政策の下に海を舞台とした「金儲け競争」をはじめ、その手段は左記のように次々と変化していきました。

◎重金主義　「金・銀などすでにあるもの」（スペイン）
◎貿易差額主義　「売る」（オランダ）
◎産業保護主義　「つくる」（イギリス）

では、もっと金儲けがしたいとなると……？　それはもっと「たくさん」つくろうということになります。つまり「大量生産」です。産業革命は大量生産を目的とした、道具から機械への生産技術の変革です（技術革命）。それは、綿織物工業の分野で進み、糸を紡ぐ紡績機や布を織る織機が発明されていきます。そして、機械を動かすための動力として蒸気機関も発明されます（動力革命）。さらに、原料や商品を大量輸送するために交通機関が発達します（交通革命）。蒸気機関というのは、やかんでお湯を沸かした時に湯気がふたをポコッポコッと押し上げる力、あの力を利用した動力です。当初、蒸気機関で実現できる動きは往復運動で、炭坑の排水ポンプなどとして応用されていました。これを回転運動に変えたのが有名なワットです。回転運動が実現できれば、車輪を回せますし、スクリューも回すことができます。蒸気機関車と蒸気船の登場です（図20・図21）。

イギリスは新たに生まれた技術の流出を禁止していたため、ヨーロッパ大陸での産業革命は１８３０年代と出遅れます。またこれはイギリスの技術の波及にすぎないので、産業革命はイギリスでしか起きていないという見方もあります。

マンチェスターは綿織物工業都市として、リヴァプールはその外港、バーミンガムは製鉄業、機械工業都市として

図20：初の蒸気機関車

繁栄します。都市と都市が鉄道で結ばれ、イギリス国内の一体化が進んでいきました。こうしたイギリスの先進的な動きが近代のイギリス一人勝ちの時代「パックス・ブリタニカ」を切り開いていきます。では、その端緒となったイギリスと綿織物との出会いを見てみましょう。

綿織物の衝撃

17世紀は「オランダの世紀」といわれるように、世界の海はオランダが支配、東インド会社（蘭）のもとで香辛料や毛織物の売買が行われていました。その頃、イギリスはインドへの進出を果たします。そこで、イギリスの未来の発展を決定づける綿織物と出会います。当時、ヨーロッパ全体が毛織物の世界だったなかで、イギリスはこの綿織物に目をつけます。コットンには安い、染色しやすい、洗濯ができ

図21：初の蒸気船

る、など多くのメリットがありました。特にこの洗濯ができるという点は、ヨーロッパ全体を清潔にして、ひいては平均寿命も上げることになったといわれるぐらいです。

東インド会社（英）はこれをイギリスに輸入します。無論、毛織物業者たちとの新旧争いは免れません。ここでは、毛織物と綿織物との原料供給における大きな差が世代交代を決めました。毛織物の原料は羊毛、羊の飼育が必要です。植民地で羊を飼うという発想はなく、その他のヨーロッパ諸国とは競合しているわけですから、外国から提供を受けることもできません。したがって、羊毛はイギリス国内で生産せざるを得ません。一方で、綿織物の原料は綿花、これは全世界での生産が可能です。つまり、大航海時代によって成立した「近代世界システム」（ヨーロッパがアジアを利用して金儲けをするシステム）に合致する形で、原料を手に入れることができたのです。これが綿織物業が爆発的に発展した背景になります。

東インド会社（英）はマーケティング戦略においても勝利をおさめます。最初に王室に売り込んだのです。王族が着れば貴族も着ます、さらに富裕層も着ます、富裕層に憧れる人たちも着はじめます。こうして綿織物市場は拡大していくことになりました。

イギリスは世界一の生産力を誇り「世界の工場」と呼ばれ、さらに、原料供給地（植民地）、生産地（本国）、市場（植民地）が蒸気船で結ばれて世界の一体化の中心となっていきます。19世紀、イギリスは「近代世界システム」における覇権国家として、「パックス・ブリタニカ」という空前の世界的繁栄を謳歌し、一人勝ちの時代を築き上げていくことになります。

変わる就業環境・日常生活

それまで、ものづくりといえば、商人の注文を受けた職人が家でつくる形をとっていました(問屋制家内工業)。この労働形態では、家の代表権を持つ戸主の監督のもと、妻や子供もワンセットで働き、家の収入は戸主の収入となりました。しかし、産業革命が起こると、工場が建てられ、多くの労働者が分業で働かされるようになります(工場制機械工業)。これは家のあり方を変化させました。

工場で妻や子供が働きはじめると、戸主の目は行き届かなくなり、戸主ではなく工場の責任者の命令を聞くようになります。これは戸主からすればとんでもない話です。また、妻や子供は自分の収入を持つようになるため、家族内での発言権も増し、家族はそれまでと異なった支出パターンになることが想像できます。その支出はおそらく、フォークやナイフなどのキッチン用品や綿織物などの衣料品に向かったでしょう。これこそが、産業革命で大発展を遂げた製品たちです。産業革命の消費需要はこのように説明することができます。

競争が患う病

産業革命は資本主義をさらに発展させました。これは、「金儲け競争」の経済システムであり、社会システムでもあります。産業革命によって社会は大きく変わり、イギリスには、そしてヨーロッパ諸国には〝二つの国民〟が出現します。資本家と労働者です。

◎資本家　資本主義の勝ち組・金持ち・生産手段（工場・機械・土地など）を持つ
◎労働者　資本主義の負け組・貧乏人・生産手段（工場・機械・土地など）を持たない

資本主義は自由競争です。競争は必ず勝ち負けを生みます。資本主義が発展すると必ず貧富の差が生じるのです。この労働者の出現によって、様々な社会問題が引き起こされるようになりました。女性や子供の低賃金労働、長時間労働などの劣悪な労働条件や失業の危機など、労働問題が浮上します。そして、人口の都市集中が進み、スラム街の発生、環境悪化にともなう疫病の流行や治安の悪化など、都市問題も発生しました。

いつぞやの日本でも同じようなことが起こりました。「格差社会」の言葉とともに、時代の寵児ともてはやされた起業家が経済を席捲《せっけん》し、その一方で、駅前で段ボールの上で寝泊まりするホームレスも急増していきました。中には、社会を恨んで無差別殺人の凶行に至った人もいます。自由競争は「機会の平等」を保障しますが、「結果の不平等」という病を患っているのです。こうした資本主義の生む格差に対して、「結果の平等」を掲げたのが社会主義です。

なお、競争は次々と新しい変化を生み出し、私たちに変化を迫ります。そして競争に勝つことができるのは変化に対応できる者です（歴史の見方⑥）。産業革命は大量の失業者を生み出しました。それまで10人でやっていた仕事は、人間1人と機械1台でできるものとなり、単純計算で9人の失業者が生み出されることになります。労働者たちは、機械に仕事を奪われたために「機械打ち壊し運動」という暴動を起こしました。

もしかしたら、このような現象は私たちの身の周りでも起こるかもしれません。私たちが争うかもしれない相手はコンピューターであり、起こるかもしれない危機は「デジタル失業」というものです。人間は変化を好みません。しかし、デカルトは、安定というものはなく、環境は常に変化しているのだから変化に対応するしかない、だから「変化は脅威」ではなく「変化は変化する機会」であるとしています。

第8幕　アメリカ独立革命――切り離される新大陸

革命前夜

ロックの革命思想は、イギリスから大西洋を越えてアメリカに渡り、アメリカ独立革命をもたらします。このアメリカの誕生は、初の植民地の独立、そして初の大規模な共和政国家の出現を意味し、19世紀ヨーロッパに多大な影響を与えます。前者はラテンアメリカの独立運動に、後者はフランス革命やその後の自由主義運動につながり、次々と近代の扉を開かせていくことになりました。アメリカ独立革命はその影響力の大きさが特徴といえます。

15世紀末、コロンブスによって新大陸が発見されてから、北米にはイギリスやフランス、スペインなどが進出し、多くの植民地が形成されていました。特に、イギリスは東海岸にヴァージニア、マサチュセッツ、フィラデルフィアなど合計13の植民地をつくりあげます。英仏植民地戦争が終わると、北米は勝利したイギリスのほぼ独壇場となり、敗北したフランスは北米から撤退します。ただし、イギリスはこの１００年間も続いた戦争によって財政が窮乏してしまいました。イギリスは財政再建のために北米植民地に対する搾取を強め、独立革命の導火線に火をつけてしまいます。アメリカの革命は、イギリス絶対王政からの自由の獲得、そしてイギリス本国からの植民地の独立といえます。

イギリスの搾取とアメリカの抵抗

英仏植民地戦争での勝利ののち、本国イギリスは財政の空いた穴を埋めるため、植民地アメリカへの搾取を本格化させていきました。

中でも植民地人の怒りを買ったのは印紙法です。書類・刊行物すべてに本国発行の印紙（有料）を貼ることを義務づけたもので、言論への課税を意味します。植民地側は「代表なくして課税なし」と訴えて猛反発しました。これは、本国住民は本国議会に代表を送っているのだからその決定に従うのは当然である、だが植民地住民は本国議会に代表を送っていないからその決定に従う必要はない、という論理です。しかし、イギリスはその搾取の手を緩めることはありませんでした。

やがて、両者の衝突を決定づける茶法が制定されます。これによってアメリカはイギリスからしか茶を買えなくなってしまいます。大航海時代のところで見たように、人間の食に対する執着心は恐ろしいものがあります。植民地人はこの茶法に対して、いよいよ実力を行使して抵抗することになります。

1773年12月16日、夜。茶法に反対した植民地人たち約50名は、闇夜に紛れて行動を起こします。ボストン港にはアメリカに売りつけるための茶を積んだ東インド会社（英）の船が停泊していました。深夜、彼らは船を襲撃すると「ボストン港をティーポットにする！」との叫びとともに、342箱の茶箱を次々と海に投棄しました（図22：ボストン茶会事件）。茶の葉が海でこされて紅茶の海になっちゃいましたというなかなかかわいい事件なのですが、イギリス側の損失は1万5000ポンドに上るともいわれています。

イギリスは報復措置として、ボストン港を封鎖、そしてマサチュセッツ植民地の自治権剝奪や軍隊の駐屯を決定。危機は団結を生みます（歴史の見方④）。一方のアメリカ側でも、13植民地の代表者からなる事実上の植民地政府である大陸会議を組織して結束を強化、本国との経済的断絶を決議しました。こうして、本国と植民地はその対決姿勢を強めていくことになります。

図22：ボストン茶会事件

存在していました。

「常識」「自由か死か！」

戦争の危機が高まる中、植民地人たちは独立の大合唱であったのかというと、どうやらそうでもなかったようです。独立支持は3割程度、不支持は1〜3割、そしてその他中立派も多く存在していました。

この情勢を一気に独立へと転換させたのは指導者たちの言葉の力でした。例えば、イギリス生まれの文筆家トマス・ペインは、開戦後、パンフレット『コモン・センス（常識）』を出版し、平易な文章で独立の正当性と共和国樹立の必要性を訴えました。これは人口250万人のアメリカにおいて、わずか3か月で12万部も売れたようです。今の日本の人口で換算すると570万部。『およげ！　たいやきくん』のレコードセールスですら457万枚ですから、これは驚異的な数字です。また、独立運動の指導者パトリック・ヘンリは植民地議会にて天性の雄弁をもって「自由か死か！」と訴えることで、場の空気を一変させたといいます。

「皆さんは平和！　平和！　と叫ぶかもしれない！　しかし平和はあるのか？　私たちの愛情ある希望はすでに断たれ、戦争は実際にはじまっている。――おお神よ！　私に自由を！　しからずんば死を！」

その頃、イギリス国王ジョージ3世は

「植民地アメリカは反乱状態にある。この国に、服従するのか、しないのか、決める一戦が必要だ」

そうつぶやいていました。

革命はヨーロッパを巻き込む

1775年4月。植民地に駐屯するイギリス軍は、弾圧の姿勢を崩さないイギリス国王の命を受けて、植民地人の武器・弾薬を押収する計画を立てます。決行は4月18日、場所はレキシントンとコンコード。この企てを嗅ぎつけた植民地軍は、本国軍を迎え撃つ準備を進めていました。

4月19日、朝。レキシントン・コンコードにて両軍の衝突が起こります。警鐘が乱打され、ここに革命が勃発。植民地側では5月12日に第二回大陸会議が開かれ、ジョージ・ワシントンが植民地軍総司令官に任命されます。翌年には、早くも独立宣言が発表されます。

相手は世界最強のイギリスです。人口も少ないアメリカはどのように勝利を摑んだのか、それはこの独立宣言に大きな要因を見出すことができます。独立宣言は次のような内容で構成されていました。

1　基本的人権・革命権の主張
2　基本的人権の侵害（イギリスの暴政を列挙）
3　13植民地の独立

この宣言は「われわれは、自明の真理として、すべての人は平等に造られ、造物主によって、一定の奪いがたい天賦の権利を付与され、そのなかに、生命、自由および幸福の追求の含まれることを信ずる」（『人権宣言集』高木八尺、末延三次、宮沢俊義、岩波文庫、p114）という有名な文章からはじまります。人間に普遍的に備わっている権利について謳っています（自然権）。そして、その権利を侵害する政府は打倒してもよいということを、ロックの革命思想を引用して主張（革命権）。さらに、実際にその権利がイギリス王によって侵害されている事実を列挙していきます。ゆえに、我々の革命は必然である、としたのです。独立宣言は自らの行動の必然性を実に説得力をもって訴えたのでした。

組織が影響力のあるものであるためには「理念の普遍性」が必要です。これはイギリスとアメリカの革命を比較すればわかります。イギリス革命の理念は「議会の尊重（王権の制限）」、つまり「伝統」に関わるものですから普遍的とはいいがたく、イギリス人にしか共感を呼ばないものといえます。アメリカやフランスの場合は、人間であれば誰しもが共感する「基本的人権」です。だから、アメリカ独立革命は影響力の大きなものとなったのです。

さて、この宣言の戦略上の目的は国内外の支援を得ることでした。国内の中立派を取り込み、そして国外の、つまりヨーロッパ諸国の支援を期待したのです。これが見事に功を奏します。

１７７８年。フランスはアメリカの独立を最初に承認し、米仏同盟を結んでイギリスに宣戦布告します。さらにロシアを中心としてスウェーデン・デンマーク・プロイセン・ポルトガルなどが武装中立同盟を結成、イギリスを孤立させ、アメリカを間接的に支援します。続々とアメリカを支持する国々が現れ、世界一のイギリスの足を引っ張りはじめたのです。さらに個人でも多くの義勇兵がアメリカに駆けつけます。その中にはフランスのラ・ファイエットもいました。彼はここでの経験を祖国に持ち帰り、フランス革命初期の指導者として活躍することになります。

こうして国内外から支持を受けたアメリカは、ヨークタウンの戦いで決定的な勝利を得ます。パリ条約が結ばれ、アメリカはイギリスからの独立が承認されることになりました（１７８３年）。自由と平等を求めたアメリカ人の目的は、ここに一応達成されたのです。

アメリカの課題

アメリカは、独立しても多くの課題が残されていました。アメリカがこれから進めなければならないのは「国づくり」です。

国家には理念に基づいた憲法が必要です。あの独立宣言をもとにアメリカ合衆国憲法が制定され、ロックの『市民政府二論』やモンテスキューの『法の精神』をもとに人民主権や三権分立が規定されます。各州に大幅な自治権を認めた州権主義もその特徴でした。それもそのはずで、そもそも植民地アメリカでは、合計13の植民地が別個につくられたわけですから、それぞれの州の個性が尊重されるのもうなずけます。この特徴は現在のアメリカにも生きているといえるでしょう。

そして、この国はまだ国土すら確定していません。大陸の西部には多くの未開拓地（フロンティア）があります。建国後の19世紀、アメリカはこの西部の開拓（フロンティア開拓）に専念していくことになります。

さて、アメリカ独立革命はそれを支援したフランスに大きな影響を与えます。いよいよヨーロッパの中心で革命が起こり、全ヨーロッパに波及、歴史は一気に近代へと加速していくことになります。

第9幕 フランス革命──自由・平等・博愛

革命前夜

フランス革命！ 栄光と流血、賛美と憎悪と、いずれにせよ、フランス革命が近代の扉を開いたことを疑う人はいないでしょう。革命は、すべてのフランス人に「フランス人はどうあるべきか」を突きつけました。革命の中でも典型的で徹底的なものであるといえます。やがて革命の精神は１人の英雄によって全ヨーロッパに伝えられ、すべてのヨーロッパ人に「人はどうあるべきか」を問うことになります。

17世紀、ルイ14世は権威を誇示したいがための侵略戦争によって財政を浪費、財政難に陥っていました。続くルイ15世はイギリスとの間に熾烈な植民地戦争を展開します。戦争に勝利すれば利益があったかもしれませんが、敗北してしまいます。18世紀半ば、ルイ16世が即位すると、この英仏植民地戦争での復讐を果たすためアメリカ独立革命に参戦します。イギリスの足を引っ張ることには成功しますが、利益を得ることには失敗してしまいます。これがトドメとなって、フランスの財政は崩壊することになりました。問題は誰がそのツケを払うかです。

フランスで唯一納税義務を負っていたのは第三身分と呼ばれる平民たちでした。中世以来、フランスには身分制度があり、この頃その頂点には国王たるルイ16世が君臨、その傍らで王妃マリー・アントワネットが贅沢な生活をしていました。王と王妃の下には三つの身分があります。第一身分の聖職者、第二身分の貴族、彼らは領主として種々の特権を認められていた階級です。フランスの全人口の2％にすぎないにもかかわらず土地の約40％を所有し、かつ納税義務を免除されていました。あの数多くの戦争にかかった費用を負担していたのはその下の第三身分、すなわち生活に苦しむ平民たちだったのです。

ルイ16世は彼らにさらなる負担を強いようとしました。財政の破綻は身分制度の矛盾を露呈させます。フランスの社会はこのままではいけない、ではどうあるべきなのか、これを命題としてフランス革命ははじまります。

テニスコートの誓い

特権階級の中からも、自由主義的な改革を望む声、すなわち特権階級への課税（免税特権の廃止）を要求する声があがります。例えば、第一身分の聖職者アベ・シェイエスは著書『第三身分とは何か』において「第三身分とは何か。すべてである。……しかし、現状はゼロである」として彼らを擁護します。こうした「ものわかりのよい特権階級」が革命初期の指導者となります。追いつめられた特権階級側は、改革の声が高まる中で三部会（フランスの議会）の招集を要求します。特権階級へ課税するためには、どのみち議会の承認が必要であったため、正当な決着を提案したのです。しかし、そこには課税を阻止するための打算が働いていました。

1789年5月4日！　人々は熱狂の渦の中にいました。すべての人が感動し、期待に胸を膨らませていました。再び三部会が招集される日が来るとは。三部会にはあの三つの身分の代表が参加します。

その日、議員たちは行列をなして議場へと向かっていきました。最初に人々の前に現れたのは第三身分代表の平民たち。質素な黒い服をまとっていましたが、その足取りとまなざしは確信に満ちています。人民たちは万雷の拍手をもって送り出していきました。次に現れたのが、羽根つき帽子をかぶり、レースや金の襟章をつけた美々しい集団、第二身分代表の貴族たち。人々は彼らには沈黙を投げかけます。しかし、中には人民たちの友もいたようです。その1人はアメリカ独立革命に参加した金髪の青年ラ・ファイエットでしょう。そして、最後にやってきた第一身分の聖職者代表にも、同様の静寂が与えられたようです。

5月5日。議会が開会。しかし、何ということか、話し合いはもっぱら財政問題ではなく議決方法に費やされることになります。伝統的な議決方法では特権階級への課税が否決されることは明らかでした。第三身分代表は抵抗しますが、重税に喘ぐ人民の代表たちはこんなことを話し合うために議場に集結したのではありません。何もできないまま1か月が経ちます。やがて「ものわかりのよい特権階級」と第三身分代表は三部会をあきらめ、新たな議会をつくります。声をあげたのはあのアベ・シェイエスでした。

「我々だけで議会を！」

ここに新たな議会である国民議会がつくられます。しかし、国王は勝手な行動を許すはずもありません。

6月20日。彼らは議場に入ろうとしますが、国王が差し向けた近衛兵がそれを阻止します。

「よろしい、議会は議場でなくても開ける。諸君、テニスコートに集まってくれたまえ！」

議長のバイイを中心に、議員たちはテニスコートに集まりました。人民の見守る中、万難を排して別の場所で議会を開くことが全会一致で決定され、宣誓が行われます。

図23：球技場の誓い

「国民議会は、何ものもその審議を妨げることはできない。国民議会はその議員の集合するところに存在する。我々の戦いの光栄ある目的が達成されるまでは議会を放棄せず、その聖なる空間を守っていくことをいまここに厳粛に宣言する！」

そこに集まったのは、若々しい情熱にあふれた、まさに人民たちの代表でした。有名な「テニスコートの誓い」です（図23）。国王は、いったんは国民議会を承認しましたが、裏では軍隊をヴェルサイユに集結させ、武力弾圧の準備を進めていました。

バスティーユの襲撃

1789年7月14日。ついにこの偉大な日が！　宮廷は方針を認めず、議会も服従しません。膠着状態。この均衡を破るには爆発的な力が必要です。フランス革命では、決定的な場面では常に名もなき民衆たちの力が働きます。王の対応に興奮した市民たちが次々と街頭にあふれていきました。革命は正義の反抗、必要なのは行動力。先導者もない中、パリのすべての人が行動を起こしたのです。議会への弾圧を食い止めなければならない！

「武器をとれ！　バスティーユへ！　バスティーユへ！」

もともとバスティーユは30ｍの城壁とそれを25ｍの堀が囲む要塞でしたが、この頃は政治犯を収容する牢獄として使用されていました（図24）。国王軍と戦うには武器が必要です。大量の武器が格納されていたバスティーユに群衆は詰め掛けます。

守備兵と市民たちとの間で激しい戦闘が繰り広げられました。やがて1人の勇敢な人物が銃撃の雨の中、かけてあった吊り橋の鎖を断ち切ります。堀に橋がかかると市民たちがなだれ込みました。守備隊長のローネーは要塞の爆破を考えますが守備兵によって阻止されます。爆破されていたらパリの3分の1が吹き飛んだことでしょう。守備隊長は暴れ狂う人民の群れに埋もれたかと思うと、次の瞬間には槍の先に首だけが高々と掲げられました。

この事件は、ヴェルサイユの王のもとにも伝えられます。

「それじゃあ暴動じゃないか」

「いえ、陛下。革命でございます」

図24：バスティーユ襲撃

国王は政情が急変したことを知ったのでした。

革命は終わったか

パリは混乱が続きました。事件は地方にも波及、特権階級はヒステリー化した人民による虐殺を恐れて次々と亡命していきます。その頃、ラ・ファイエットら「ものわかりのよい特権階級」はこの人民の動きに不安を感じていました。このままでは下層民たちに革命の主導権を奪われかねません。そこで、事態の沈静化も兼ねて二つの宣言が発布されることになります。

一つは封建的特権の廃止。ここには免税特権の廃止や人民を拘束していたあらゆるものの廃止が明記されていました。もう一つは人権宣言。ここでは国民主権や基本的人権、法の支配などが規定され……そして彼らはそこに私有財産の不可侵を加えました。このままでは彼ら富裕層の財産が下層民によって侵害される恐れがあったからです。

革命は破壊と創造です。フランスでは、富裕層によって立憲君主政の樹立が目指されることになります。革命は終わったのか。否、国王の引き起こした事件によって、革命はさらなる深みにはまり、激化の一途をたどっていくことになります。

国王の裏切り

革命の急進化によって居場所を失った国王一家はフランスを捨てる決意をします（ヴァレンヌ逃亡事件）。国王が国家を捨てようというのです。目的地は王妃マリー・アントワネットの故郷であるオーストリア。亡命というのは、いわずもがな、周到に準備され一刻を争って進められるべきものです。しかし、計画は滑稽ともいえる不用心さで準備されていきます。王妃は大型馬車や旅装の注文を大々的に行い、馬車には銀食器やワインの樽などをたっぷりと乗せ、大名行列さながらの様相を呈していました。

１７９１年6月20日、深夜12時前。国王一家は変装して戸口から抜け出し、馬車に乗り込みます。一説によると、この時彼らの目の前をラ・ファイエットの乗った馬車が通り過ぎたといいます。王妃は、一杯食わせてやったという子供じみた喜びを感じ、馬車の車輪をステッキで叩いたようです。そして無邪気な国王一家を乗せた馬車はパリをあとにします。

出発から4時間後、この仰々しい逃亡馬車は、すでに多くの人の注目の的になっていました。そして翌朝の6時には、国王一家の不在に気づいた侍女が王らの失踪を通報します。すぐさまラ・ファイエットによって捜索隊が組織され、早馬がパリを走り去りました。その頃、国王一家はそうとは知らずに愚劣な不手際とともにのんびりとした逃避行を続けていたのです。

6月22日、夜11時半。一行が闇夜の中でヴァレンヌの丘にたどり着いた時、彼らは恐ろしく刺されるような一言に凍りつくことになります。

「国民の名において！　止まれ、御者！　おまえの乗せているのは国王だ！」

人々は、変装し、偽名を名乗る王を哀れみの目で見たことでしょう。

「神の御名にかけて、陛下よ、われらを見捨てたもうな。王国を去りたもうな」

国王の裏切りが意味するもの

逃亡から1週間も経たず、国王一家はパリに帰還することになりました。群衆は屋根までうずめて到着を待っていました。その場を支配したのは歓呼ではなく沈黙。すべての人が帽子をかぶったまま一言も発しません。侮蔑、沈黙の非難、これは君主政の葬送となるのでしょうか。

フランス革命において、このヴァレンヌ逃亡事件は二つの決定的な意味を持ちます。一つは、国王への国民の信頼が失墜し、君主政を非現実的なものにしてしまったということです。フランスはこの事件を境に国王のいない共和政へと舵を切ることになりました。もう一つ。この事件に対して、ヨーロッパ諸国も敏感に反応しました。当然です。フランス以外のヨーロッパ諸国では絶対王政が続いているのです。国王が国家を見捨てて逃げ出し、失敗、そして国民に捕われる、そんなことは他の国々では考えられない事態です。オーストリアとプロイセンは共同でルイ16世の救援を諸国に呼びかけました（ピルニッツ宣言）。ここに、フランスに対するヨーロッパ諸国の干渉がはじまります。革命の火の手はいっそう激しく燃え上がり、やがて全ヨーロッパを覆い尽くすものとなっていく……この事件はその予告となったのです。

さて、一方で、主導者であるラ・ファイエットら富裕層は頭を抱えます。自分たちの目標たる立憲君主政の樹立はもはや現実的ではなくなってしまいました。しかし、共和政にするわけにもいきません。彼らは、この新しい動きから目をそらし、立憲君主政を無理やり成立させました。無論、うまくいくはずもないのですが。

革命を守れ！

新たに成立した立憲君主政が直面した問題。それは、革命に干渉するヨーロッパ諸国との対立でした。フランスはオーストリアとプロイセンに対して宣戦布告。この戦いは、革命によって近代へ前進するフランスと、中世をいまだに引きずる絶対主義諸国との戦い、つまり新しい時代と古い時代との衝突を意味するものでした。この諸国との戦いは、中産階級が進め、革命の主導権は富裕層から中産階級へと移ります。

しかし、戦争がはじまると、フランス軍はその士気の高さにもかかわらず敗退を重ねます。議会は「祖国は危機にあり」の宣言を発表。ここに闘志と創意にあふれた義勇軍が自発的に集結していきます（歴史の見方④）。

「いざ祖国の子らよ、栄光の日は来た！」

国民軍は愛国的革命歌である「ラ・マルセイエーズ」（のちのフランス国歌）を口々に、戦場へと向かっていきました。しかし、それでも状況を覆すことはできませんでした。人々の間には抱くことの許されない疑念が少しずつ生まれます。果たして、我々の、そして革命の敵は外にいるのだろうか、まさか……内にもいるのでは？

国王側、特に王妃マリー・アントワネットのオーストリア軍への内通が発覚します。王は愚かにも再び国民を裏切っていた！　国王一家からすれば、オーストリア軍が革命を潰し、自分たちを救い出してくれるよう期待するのは当然かもしれません。しかし、この裏切りは犠牲者がいる分、逃亡よりも罪が重いことは間違いありません。激昂した義勇兵や下層民たちは王のいるテュイルリー宮殿を襲撃、国王一家は幽閉されてしまいます（八月十日事件）。

逃亡に続いて二度目の裏切り……もはや立憲君主政の継続は不可能であることは誰の目にも明らかになりました。王権の停止が宣言され、君主政は廃止、共和政が樹立されます。

戦争では、息を吹き返したフランス軍が、ヴァルミーの戦いでオーストリア、プロイセン連合軍に初めて勝利します。ドイツの文豪ゲーテは、新しい時代に向かうフランスの勝利を「ここから、そしてこの日から世界史の新しい時代がはじまる」と表現しました。ゲーテは時代の変化を確信していたのです。

国王の処刑

フランスはヨーロッパ諸国の干渉を撃退したのち、国王の処遇にあたります。それらを主導したのは下層民のための党派たるジャコバン派（山岳派）でした。ここにきて革命の主導権は下層民に移ります。それは革命が最も過激になったことを意味します。

国王を処刑するか否か。国内では数々の演説が繰り広げられます。中でもジャコバン派の指導者で〝革命の大天使〟と呼ばれたサン＝ジュストのものは有名です。彼の言葉が王の処刑を決定づけたとされています。

「人は罪なくして王であることはありえない。私としては、その中間を認めるわけにはいかぬ。この男は王として統治すべきか、罪人として死なねばならぬか、どちらかなのだ」

彼は若干25歳、女性と見間違えるほどの美男子であったといいます。その彼が、祖国は共和政を選んだ、そうである以上国王は罪人でしかないというのです。冷徹な論理に場は凍りついたことでしょう。さらにロベスピエールもこう言い放ちます（図25）。

「ルイは王であった。そして祖国は共和国となった。だが、ルイはまだ生きている！　これはもはや裁判の問題ではなく、ルイは死すべきなのだ」

サン＝ジュストと同じ論理です。凡庸なルイ16世にはとても反論できなかったことでしょう。

投票によって、わずか1票差で処刑は決定されました。

王は馬車に乗せられ革命広場へと連行されます。現在では、凱旋門から伸びるシャンゼリゼ通りの終わり、ルーブル美術館の手前にその広場はあります。その日、そこにはギロチン台（断頭台）が置かれ、その周囲を大砲が、その外側を軍隊、さらには民衆が取り囲んでいました。午後1時10分。到着した王は馬車から降ります。褐色の上着、黒のズボン、白の靴下という姿。しっかりとした足取りで階段を上り、処刑台の前に立ちます。広場を見わたすと、王は話しはじめました。

「余は、余が告発されたすべての罪について無実のまま死のう。しかし余は、すべての敵を許す。余は切望する。余の血がフランス国民にとって有益ならんことを、そして神の怒りを鎮めんことを。かつ汝らの不幸な人民の怒りを――」

最後の方は太鼓の音で消されてしまいました。やがて世にも恐ろしい声とともに刃が下ります。こうして恐ろしく冷静にルイ16世は死んでいきました（図26）。

この国王処刑は、またしても全ヨーロッパを

図25：ロベスピエール

震え上がらせます。この危険な革命を葬り去るため、イギリスの呼びかけによってヨーロッパ諸国による対仏大同盟が結成されました。フランスは再び諸国の干渉を受けることになります。またしても危機。これはやはりフランス人を団結させます。しかし、そこには流血がともないました。

美徳と恐怖の独裁

諸国から圧迫を受けたフランスでは、人民の党派であるジャコバン派の指導者ロベスピエールによる独裁政治がはじまります。いわゆる恐怖政治（テルール）です。まず、この恐怖政治の構造について見てみましょう。

革命の主導権は、富裕層、中間層、そして貧困層と移っていきました。イギリス革命で見たように、金持ちは要求レベルが低く、現状をそこまで

図26：ルイ16世の処刑

変えようとは思わないものです（穏健）。一方、貧乏人は要求レベルが高く、現状を根底から変えようと考えます（過激）。上から下へ主導権が移行していったということは、革命は日を追うごとに過激になっていったことを意味します。その行き着いた先が、このジャコバン派による恐怖政治です。対仏大同盟による圧迫は革命の危機であり、それは団結を生み出します。外部からは危機、内部は過激派と国民の団結、この二つの化学反応によってジャコバン独裁が生み出されたといえます。

ジャコバン派の中でも、ロベスピエールやサン＝ジュストらを中心に政権は運営されていきます。ロベスピエールは恐怖政治期のフランスをこのように表現します。

「フランスにはもはや二つの党派しかない。人民とその敵である。人民のためではない党派は、人民に反対する党派である」

「平和な時代であれば政府の基礎は美徳である。だがひとたび革命が起きたならば、政府の基礎は美徳と恐怖の二つでなければならぬ。美徳なき恐怖は災いを生み、恐怖なき美徳は力を持ち得ない」

人民の味方か敵か、美か恐怖か、多様性をまったく許さない過激さです。こうして、己の主張を通すため、外部からの圧力を利用して恐怖政治は展開されていきました。

彼らは、保安委員会という警察組織によって革命の徹底に反対する者を魔女狩りし、革命裁判所では略式の裁判を行うのみで、次々と反対派をギロチン台送りにしていきます。犠牲になった人々の中でも有名なのはマリー・アントワネット、テニスコートの誓いの議長バイイ、化学者でもあったラヴォワジェらです。この恐怖政治が行われた1年半の間に処刑された人の数は3万8000名にのぼります。最盛期にはギロチンは1日30人の血を吸い込みました。

COMMUNE DE PARIS.

図27：指令書に見られる書きかけのサイン（カルナヴァレ博物館）
写真提供＝WPS

そこまでして、ロベスピエールらが実現したことは、貧乏人たちのための憲法の制定や、農民たちをその不自由な身分から完全に解放することなどでした。

しかし、こうした恐怖は人々の間に疑心暗鬼を生み出します。人民は猜疑心に辟易とし、また貧乏人たちも自分たちの要求が認められたため、これ以上の独裁を望みませんでした。ロベスピエールらは次第に孤立していきます。

料金受取人払郵便

牛込局承認

7137

差出有効期間
平成29年5月
22日まで

（切手不要）

郵便はがき

162-8790

東京都新宿区
岩戸町12レベッカビル
ベレ出版
読者カード係　行

◀お申し込み▶

小社図書のご注文はお近くの書店へ（店頭にない場合でもお取寄せできます）このハガキにてお申し込みの場合：弊社にハガキが到着してから4～7日ほどで代引きサービスにてお届けします。　送料は冊数にかかわらず合計金額1500円以上で230円1500円未満の場合は530円です。代金は商品到着時に配送業者へお支払い下さい。（代引き手数料込み）

ご注文書籍名	本体価格	ご注文数
	円	冊
	円	冊

お届け先ご住所　〒

お名前　☎　（　）

⚠こちらの面は注文書になります、ご感想等は裏面にご記入下さい。

愛読者カード

URL:http//www.beret.co.jp/

お手数ですがこのカードでご意見をお寄せ下さい。貴重な資料として今後の編集の参考にさせていただきます。個々の情報を第三者に提供することはありません。

■本書のタイトル

■お名前	■年齢	■性別
■ご住所　〒　TEL ■Eメールアドレス	■ご職業	

●本書についてのご感想をお聞かせ下さい。

●こんな本がほしい、というご意見がありましたらお聞かせ下さい。

●DM等を希望されない方は○をお書き下さい。☐

●個人情報は弊社の読者サービス向上のために活用させていただきます。

史跡・都市を巡るトルコの歴史

ISBN978-4-86064-420-8 C0022

§ 野中恵子／ 1900 円／四六判

史跡や旧跡などを巡り、トルコの歴史を描く。歴史を理解する鍵はローマ史に。

世界史劇場 イスラーム世界の起源

ISBN978-4-86064-348-5 C0022

§ 神野正史／ 1600 円／ A5 判

劇を観ているような感覚で世界の歴史が学べる。イスラーム世界に迫る。

世界史劇場 ロシア革命の激震

ISBN978-4-86064-416-1 C0022

§ 神野正史／ 1600 円／ A5 判

人類初の社会主義革命である、ロシア革命のストーリーを詳しく解説する。

世界史劇場 フランス革命の激流

ISBN978-4-86064-429-1 C0022

§ 神野正史／ 1600 円／ A5 判

近現代に大きな影響を与えたフランス革命の実態を、イラストを交えて解説。

世界史劇場 第一次世界大戦の衝撃

ISBN978-4-86064-400-0 C0022

§ 神野正史／ 1600 円／ A5 判

世界史を学ぶうえで避けては通れない第一次世界大戦の全貌を解説！

なるほど日本地理

ISBN978-4-86064-409-3 C0025

§ 宇田川勝司／ 1500 円／四六判

身近なテーマから地理の基礎知識を学べる一冊。地理のおもしろさ満載。

自然のしくみがわかる地理学入門

ISBN978-4-86064-430-7 C0025

§ 水野一晴／ 1800 円／ A5 判

自然環境の成り立ちを明らかにする自然地理学。写真や図版満載の入門書。

学びなおすと政治・経済はおもしろい

ISBN978-4-86064-437-6 C0033

§ 南英世／ 1500 円／四六判

ニュースをより本質的に理解するのに必要な知識や基礎理論を学べる一冊。

ベレ出版の出版案内

2015/5

ホームページ http://www.beret.co.jp/ では、目次なども見られます。

ご注文について

小社書籍のご注文はお近くの書店さんへ
店頭にない場合は、注文すると取り寄せてくれます。

小社に直接ご注文いただくときは
冊数にかかわらず合計 1500 円以上で 230 円、1500 円未満の場合は
530 円の送料がかかります。
到着までに 4 ～ 7 日かかります。

＊表示価格はすべて本体価格です。

ベレ出版 〒 162-0832 東京都新宿区岩戸町 12 レベッカビル
PHONE 03-5225-4790 FAX 03-5225-4795

英会話・英語一般

簡単！楽しい！シンプル英会話練習帳
ISBN978-4-86064-427-7 C2082
§ 平山篤／1800円／四六判
短いフレーズからはじめて、まとまった英文を感情こめて語れるようになる。

みるみる英語力がアップする音読パッケージトレーニング
ISBN978-4-86064-246-4 C2082
§ 森沢洋介／1700円／四六判
楽に読み解ける英文を聴き、繰り返し口にすれば「英語体質」ができあがる！

ぐんぐん英語力がアップする音読パッケージトレーニング 中級レベル
ISBN978-4-86064-283-9 C2082
§ 森沢洋介／1800円／四六判
英検2級のリスニング問題を使って、直実に効率的に英語を身につける。

もっともっと英語力がアップする音読パッケージトレーニング 上級レベル
ISBN978-4-86064-305-8 C2082
§ 森沢洋介／1800円／四六判
音読パッケージ第三弾。英検準1級のリスニング問題を使った上級編。

どんどん話すための瞬間英作文トレーニング
ISBN978-4-86064-134-4 C2082
§ 森沢洋介／1800円／四六判
簡単な英文を速くたくさん作る練習で英語がバネ仕掛けで出るようになる。

おかわり！どんどん話すための瞬間英作文トレーニング
ISBN978-4-86064-256-3 C2082
§ 森沢洋介／1700円／四六判
中学レベルの簡単な英文を素早く作るトレーニングで英語は話せるようになる！

スラスラ話すための瞬間英作文シャッフルトレーニング
ISBN978-4-86064-157-3 C2082
§ 森沢洋介／1800円／四六判
前作では文型ごとに学んだが、本作ではシャッフルすることで応用力を磨く。

おかわり！スラスラ話すための瞬間英作文シャッフルトレーニング
ISBN978-4-86064-262-4 C2082
§ 森沢洋介／1700円／四六判
英作文反射神経を鍛え、どんな英文でもばね仕掛けで口から出てくるようになる。

ラテン語

しっかり学ぶ初級ラテン語
ISBN978-4-86064-366-9
§ 山下太郎／1900円／A5判
本格的な入門書。文字や発音、文法を丁寧に解説。練習問題も充実

しっかり身につくラテン語トレーニングブ
ISBN978-4-86064-431-4
§ 山下太郎／2500円／A5判
ラテン語の基礎文法を押さえたら、次はこの一冊で知識を定着させまし

日本語

はじめて読む日本語の歴史
ISBN978-4-86064-255-6
§ 沖森卓也／2000円／A5判
日本語はどのように生まれたのか。音韻・文字・語彙・文法を中心に解説

数学

まずはこの一冊から意味がわかる統計
ISBN978-4-86064-304-1
§ 石井俊全／2000円／A5判
推定と検定という実用的な予想統計について徹底的にわかりやす

まずはこの一冊から意味がわかる統計
ISBN978-4-86064-345-
§ 涌井貞美／2000円／A5判
統計解析が何を問題として、どのように結論を出すのかを丁寧に解

小・中・高の計算がまるごとできる
ISBN978-4-86064-107-
§ 間地秀三／1600円／A5判
足し算・引き算から微分・積分までを一気にマスター。大人のための計

増補改訂版 語りかける中学数学
ISBN978-4-86064-335-
§ 高橋一雄／2900円／A5判
新指導要領に対応。ベストセラー『語りかける中学数学』がパワーアップ

語りかける中学数学　問題集
ISBN978-4-86064-245-
§ 高橋一雄／3200円／A5判
大事な問題はすべて収録。この1冊で中学数学の基礎は完璧！渾身の10

自然科学

クーデターの動きは水面下で進められ、突如として起こりました。ロベスピエールは市庁舎に駆けこみ、軍隊での鎮圧を図ります。指令書にサインをしていたその時。

「ロベスピエール逮捕する！」

という声とともに、彼はあごを撃ち抜かれ、拘束されます。ロベスピエールらは一網打尽となり、サン＝ジュストも含め全員がギロチン台で処刑されました。

ここに、ロベスピエールがサインしようとした指令書が残っています（図27）。下の方には彼の血痕があり、その右上には書きかけのサイン「Ｒｏ」が見えます。そこに歴史の中の数秒間を見てとることができるでしょう。

歴史の見方⑦ 組織について4――危機は独裁を生む

危機が団結を生むことは何度も確認しました。ここで危機が生み出すものをもう一つ確認しておきましょう。それは独裁です。

危機は独裁を生む

危機的状況は、一刻を争う事態であるため、話し合いによる調和というのは害となることがあります。求められるのは迅速な決断力と強力な実行力です。これはつまりは1人の指導者を意味します。独裁です。歴史上の独裁と呼ばれるもののほとんどが危機的状況から生まれているといえるでしょう。古代ローマのディクタトル（独裁官）、大戦中のヨーロッパの挙国一致内閣、大戦後のアジアに出現した朴正熙（韓国）やスハルト（インドネシア）らの開発独裁など枚挙にいとまがありません。ではこの独裁に関しても、歴史の見方を示しましょう。

独裁の利点は、大胆かつ迅速に組織を動かせること
独裁が成り立つ条件は二つ。一つは短期間であること、もう一つは独裁を行う側とそれに従う側の間で合意が成り立っていること

独裁政治には悪いイメージがあるでしょう。しかし、そもそもでいえば悪いことではありません。その利点は圧倒的な力にあります。独りが裁くわけですから、方針も明確になり意思決定も迅速になります。イギリスの偉大な政治家であるサッチャー首相の言葉に「私はコンセンサスというものを、それほど重要なものだとは思いませんわ。あんなものは時間の浪費にしかならないのですから」というものがあります。サッチャーは〝イギリス病〟と呼ばれたイギリス経済の停滞という危機から生まれた独裁色の強い指導者です。その実績には賛否両論ありますが、偉大な政治家であったことを疑う者はいません。独裁というのは、しかるべき時には有効な体制なのです。ただし、独裁政治が成り立つためには条件を二つクリアしなければいけません。

一つは短期間であることです。危機的状況が独裁を成り立たせるわけですから、それはそう長く続くものではないでしょう。もう一つは独裁を行う側とそれに従う側の間で合意が成り立っていることです。これらの条件が崩れると、独裁者は引きずりおろされる運命になります。独裁者も人間ですから、危機が過ぎ（≠短期間）、独裁の必要がなくなっても（≠合意）、権力にしがみつこうとするものです。独裁に反対の声が上がりはじめると独裁者は粛清をはじめます。こうして独裁は悪になっていくわけです。

ジャコバン独裁は終結しました。激化の一途をたどってきた革命は、ここでいったん落ち着きます。しかし、相変わらず国外からの対仏大同盟の圧迫は続き、国内も不安定な情勢が続きました。ここにきて、フランス革命は目指すべき方向を見失います。富裕層、中間層、貧困層と、どの階層も一度は革命の主導権を握り、新しい社会の構築にあたりました。しかし、結局はどれもうまくいきませんでした。もうフランス人もこの革命の終着点が見えないのです。そこで、やはり、フランスの人々は国家を牽引してくれる強力な指導者を求めるようになります。ナポレオンの登場です。人々はフランスの未来をこの若き英雄に託したのでした。

第10幕　ナポレオン――栄光と流血、賛美と憎悪

英雄の登場

ナポレオン・ボナパルトは地中海のコルシカ島に生まれます。家は貧乏貴族で、決して由緒正しい家柄とはいえません。秀吉と同じ成り上がり者かもしれません。彼はフランスへわたり、士官学校の砲兵科に入学します。得意科目は数学と歴史。理性と感性はともに優れていたようです。数学は緻密な戦略に、歴史は時代の把握や人心の掌握に大いに役立ったことでしょう。彼は軍人として頭角を現し、やがて将軍として活躍することになります。

ちなみに、ナポレオンにはジョゼフィーヌという妻がいました。彼女は恋多き年上の女性。結婚時、ナポレオンは26歳でジョゼフィーヌは32歳でした。ナポレオンの数々の恋文はとても有名です。「愛しくかけがえのないジョゼフィーヌ！　あなたは私のハートをどうしたいのでしょう！」……演説のうまいナポレオン、思わずメモしたくなるような言葉です。しかし、結婚したのちジョゼフィーヌはナポレオンを愛さず、こうしたラブレターを女友達に見せては笑いを誘っていたといいます。女子会で話される話題は今も２００年前も変わらないようです。

英雄の輝き

さて、将軍ナポレオンは、対仏大同盟との戦いに勝利することで一躍脚光を浴びます。イタリア遠征では、同盟の一国であるオーストリアを叩きます。この時ナポレオンは、不可能といわれていたアルプス越えを強行して勝利を摑みます。

「不可能という言葉はフランス的ではない」

さらに、エジプト遠征では対仏大同盟の黒幕であるイギリスをピラミッドの戦いで追いつめます。ナポレオンはフランスの最終的な敵は、イギリスであると考えていました。

「見よ！　4000年の歴史が諸君を見下ろしているぞ！」

しかし、アブキール湾の戦いではネルソン率いるイギリス艦隊に敗北してしまいます。ナポレオンは陸戦を得意としていますが、海戦は島国イギリスに分があるようです。

ナポレオンは戦略的な人物です。なぜ負けたのか、その原因を考え、原因を潰すことを目指します。敗北の理由は「内が固まっていない」からです（歴史の見方③）。ジャコバン独裁終了後の政府は弱体な政府でした。まずは政府を強化するべきであり、そのためには自分が権力を握らなければならない、ナポレオンはそう考え、急遽エジプトからフランスへ帰国します。

ナポレオンは、政府を打倒して権力を掌握します（ブリュメール18日のクーデター）。一般に、フランス革命の終結はナポレオンが権力を握ったこの瞬間です。やがて彼はフランス皇帝に即位します（図28）。今やフランスはナポレオンの帝国、ジョゼフィーヌは皇后です。フランス国内には安定がもたらされました。

これによって英雄は「内が固まった」と判断します。そこで、ナポレオンは外に出てイギリスとの決戦に臨みます。トラファルガーの海戦です。迎え撃ったのは、やはりネルソン提督（図29）、そしてまたも海戦。ネルソンはいいます。

「もしも、という言葉は許されない、我々は勝つ、きっと勝つ、必ず勝つ、間違いなく成功する」

この戦いでイギリスは勝利しますが、ネルソンは戦死してしまいます。再び敗北したナポレオンは「余がネルソンに勝利する日は永遠に失われてしまった」と嘆いたといいます。現在、イギリスのナショナルギャラリーの前にあるトラファルガー広場にはネルソンの像が立っています。この海戦でフランス軍に撃ち込まれた鉛を溶かしてつくられた像が、フランスの方角に向けて建てられているのです。

図28：ナポレオンの戴冠式（抜粋）

さて、内を固めて外に出るはずがうまくいきません。彼は再び敗因を分析しました。フランス内を固めても勝てないならヨーロッパ内を固めるしかない、ならば大陸制覇を。これよりナポレオンの目標はヨーロッパ諸国の征服に向かいます。

ナポレオンは陸戦が得意です。ロシア、オーストリアを破り、兄ジョゼフをスペイン王、弟ルイをオランダ王に即位させます。さらに神聖ローマ帝国を解体して従属的な国家につくりかえ、プロイセンも撃破します。ナポレオンは、自由の抑圧からの〝解放者〟として絶対主義諸国に進撃し、瞬く間にヨーロッパを支配下に置いてしまいます。

再びイギリスに目を向けたナポレオンは、軍事的にではなく、まずは経済的にイギリスを追いつめます。大陸封鎖令です。ヨーロッパ諸国にイギリスと通商関係を持つことを禁止したのです。ナポレオンの栄光はここに最大の輝きを放ちます。しかし、光に陰はつきものです。

図29：海軍少将ホレーショ・ネルソン提督

英雄の素顔

すべてを手に入れた英雄が最後に求めたものは何だったのでしょうか。ナポレオンはあの愛しくかけがえのないジョゼフィーヌとは離婚し、由緒正しきハプスブルク家出身のマリ・ルイーズとの結婚を決めました。英雄が最後に求めたのは家柄、血統、格式だったのです。

これをもって彼は革命の精神をすべて裏切ることになりました。自由・平等・博愛、その具現者として登場したナポレオンは、気づけばそれらを自ら否定していたのです。自由……それを大陸封鎖令によってヨーロッパ諸国から奪っています。平等……彼は皇帝に即位することで自ら否定します。最後に博愛……血統にこだわった結婚など愛のあるものではありません。ここに英雄としての彼の素顔が見えはじめます。英雄は国内に安定をもたらし、ヨーロッパには解放者として進撃しました。しかし、安定は独裁、解放は侵略、そう、英雄の素顔は自らの虚栄心からなる独裁者であり侵略者であったのです。人々の支持を失った独裁者は人民に引きずりおろされる運命にある、彼はこの歴史の理を自ら証明することになります。

英雄の最期

ヨーロッパではナポレオンへの不満が噴出します。スペインではゲリラによる反乱が相次ぎ、プロイセンでも反ナポレオンの動きが生じます。特にナポレオンに反抗的であったのはロシアでした。ナポレオンは制裁を加えるためのロシア遠征を企てます。

これに対して、ロシア側が展開したのは焦土戦術でした。ナポレオン軍の強さの秘訣は、その行軍速度の速さです。ナポレオン軍は、戦争に必要な物資を現地調達していたため、速度を落とすことなく進軍ができたのです。ロシア軍はそれに対して、陣地を焼き払って逃げる焦土戦術を繰り返します。フランス軍は何も得ることがないまま深追いを余儀なくされます。英雄が失敗に気づいた時、すでに彼の手には敗北が摑まされていました。ロシアの零下40度にも達する厳しい冬が英雄を襲ったのです。いわゆる〝冬将軍〟です。食糧の備蓄や冬服の準備もない中、兵士たちの手は凍傷に冒され、戦争どころではなくなってしまいます。撤退を決意したナポレオン軍に襲いかかったのは、冬の戦いに慣れたロシア軍でした。ロシア遠征は惨憺《さんたん》たる結果に終わってしまいます。

軍人は戦争の勝利によって支持を取り付け、敗北によって支持を失うものです。英雄はこの一度の敗戦によって国内の支持を失います。さらに、ヨーロッパ諸国は連携してナポレオンの支配に反旗を翻していきます。これを解放戦争といいます。皮肉なものです。かつては、自らが諸国を自由の抑圧から「解放」するとしていたのが、今や諸国はナポレオンの支配から「解放」を求めているのです。これに敗北を重ねたナポレオンは、皇帝の地位を失ってエルバ島に流されます。一度は脱出に成功して祖国に帰還したものの、再び敗北、最終的には大西洋の孤島セントヘレナ島に流されます。

彼は、余生を近衛兵たちとともに過ごしていきました。不可能という言葉はフランス的ではないかもしれませんが、もはや彼がこの島から脱出することは不可能でした。１８２１年、英雄はこの島で息を引き取ります。

英雄が最期に残した言葉は三つあります。「軍隊」そして「フランス」、最後に最愛の女性「ジョゼフィーヌ」の名を口にしたといわれています。英雄は革命の精神を忘れてしまった……といいましたが、もしかしたら、愛だけは忘れていなかったのかもしれません。

歴史の見方⑧　主要国の国民性（英仏）

さて、この各国の革命の中で、イギリス、アメリカ、フランスは「新しい国家」を建設していきました。そこには「お国柄」が見えます。アメリカは次章でまとめようと思いますが、ここでイギリスとフランスの「お国柄」をまとめてみましょう。

イギリス人は帰納的思考（経験的）、伝統を尊重する
フランス人は演繹的思考（合理的）、自国に誇りを持っている

英仏二つの革命の理念を比較すると、これらはよくわかります。

◎イギリス革命の理念　議会の尊重（王権の抑制）
◎フランス革命の理念　基本的人権

英仏の違いには、地理的な特徴が大きく影響しています。イギリスは島国でいつも同じようなことが起こるため、思考も経験的です。つまり「そういうものだ」と考えがちです。ですから、革命においても、歴史の中で形成された「伝統」を国王に遵守させることを理念としたわけです。憲法についても「慣習」による法を憲法として機能させています。イギリスの階級社会も伝統として定着します。イギリス人が保守的で、大陸に対してマイペースなのは、いまだにユーロを採用していないところにも表れているでしょう。

一方で、フランスは大陸の国です。周囲には文化の異なる民族が数多くいます。いつも同じようなことが起こるといったことはなく、想像もしなかったことがたくさん起こります。そこ

で、思考は合理的に、「そもそもどうあるべきなのか」と考えるようになります。革命は「基本的人権」の尊重のために起こされ、目的を達成するために徹底的に革命を進めました。憲法も「私はこうあるべきだと思う！」と各階層によって何度も何度も制定しなおされます。これだけやり抜いた上でつくられた国ですから、フランス人が自国の歴史や文化に誇りを持つのもうなずけます。一昔前にいわれていた、フランスで英語を話すと嫌がられるとか、フランスの店員は観光客に愛想がないというのもその表れかもしれません。

もちろん、これらは少々乱暴な見解であるともいえます。お国柄というのは集団になって発揮されるもので、個々人には必ずしもあてはまるわけではないことを断っておきます。

「新しい国家」が生まれる

フランス革命は自由・平等・博愛の精神を掲げながらも、それに見合う政府を樹立することはできませんでした。ナポレオンが失脚したのち、フランスにはかつてのブルボン朝が復活してしまいます。振り出しに戻ってしまうのです。

それでも、革命には大きな成果が二つありました。一つは自由・平等の精神、つまり自由主義を打ち出したことです。革命後の19世紀、革命の影響を受けた大陸諸国では自由主義運動が展開されていきます。

もう一つは「国民意識・民族意識」と「国民国家・民族国家」の概念を生み出したことです。私たちは「自分は日本国民（日本人）なんだ」という国民意識（民族意識）を当然のように持っています。それはスポーツ観戦などで目に見える形となって表れます。しかし、実はこれはたかだか200年前に生まれたものなのです。こうした「国民意識・民族意識」を持つ主権国家のことを「国民国家・民族国家」といいます。では、革命を振り返りながらその成立経緯を紐解いていきましょう。

ヨーロッパには、絶対主義時代に主権国家が生まれました。国の中心（主権）があり、その範囲（国境）が明確である国家です。絶対主義時代の主権国家は、実はその初期段階で社団国家と呼ばれます。しかし、その後フランス革命によって、その発展段階、つまり、よりまとまりのある国家である「国民国家・民族国家」が誕生します。

社団国家の社団というのは人間の集団のことをいい、代表的な社団は身分です。絶対主義時代の国家は、ちょうどフランス革命前夜で見たように、国王が三つの身分（社団）を束ねることでまとまっている社団国家でした。第一身分・第二身分は納税を免除され、第三身分だけが納税義務を負っている、不平等な集団の総体が国家です。その状態で互いに「我々は同じフランス国民なんだ」という国民意識など生まれようもありません。しかし、この状況はフランス革命によって大きく変わります。

革命の中で身分制度は解体されました。不平等な身分（社団）は解体され、その結果として生まれたのが「自由」で「平等」な個人です。それらに対して、ヨーロッパ諸国から圧力がかかりました。「自由」で「平等」な個人は危機に陥り、団結します（歴史の見方④）。「ともにフランスの革命を守ろう！」ということで、自分たちが「フランス国民」であるという帰属意識を共有していったのです。国民が国家を動かし（国民主権）、国民一人一人が国家への帰属意識を持つようになる（国民意識）、こうしてよりまとまりのある「国民国家」が成立しました。現在の日本も国民国家にあたります（図30）。

しかし、これでは国民意識（民族意識）が生まれたのはフランスだけということになってしまいます。ですが、ヨーロッパ諸国でも同じことは起こりました。ナポレオンの支配に反発して団結することで生まれたのです。こうした国民意識（民族意識）を共有した国家、つまり国民国家（民族国家）を樹立しようとする思想をナショナリズム（国民主義・民族主義）といいます。

フランス革命によって、主権国家体制は新たな段階へと進み、ヨーロッパはよりまとまりのある国家が次々と生まれ、分立していくことになります。

	絶対主義時代	革命の時代
国家の形態（広義）	主権国家 国境と主権がある	主権国家 国境と主権がある
国家の形態（狭義）	社団国家 主権国家の初期段階	国民国家 主権国家の発展段階
違い	国民意識なし	国民意識あり

図30：主権国家の発展

第3章　近代Ⅰ　自由と平等

――ヨーロッパの完成

本章の内容

　フランス革命によって新しい時代の扉が開かれ、ヨーロッパは近代という「自由と平等」の時代に入ります。フランス革命は、新しい体制を築くことはできませんでしたが、新しい概念「自由主義」と「国民意識・民族意識」「国民国家・民族国家」を生み出し、それはナポレオンによって全ヨーロッパにバラまかれていきます。いずれにせよ、個人や民族の自由・平等を求める精神です。しかし、ヨーロッパにはいまだに絶対主義国家が乱立しています。絶対君主は、フランス革命の精神を認めるわけにもいきません。各国君主は協力してこの動きを抑圧しました。ウィーン体制です。

　けれども、ウィーン体制は時代の流れに押し崩されていくことになります。個人の自由、民族の独立は認められ、英仏に加えイタリアやドイツが誕生、さらにアメリカの統一も進んで欧米主要国が出そろいます。「近代Ⅰ（自由と平等）」では自由の抑圧の指導者、そして自由の実現に尽力した指導者、つまり建国の指導者に注目していきます。

◉近代

自由と平等の時代。

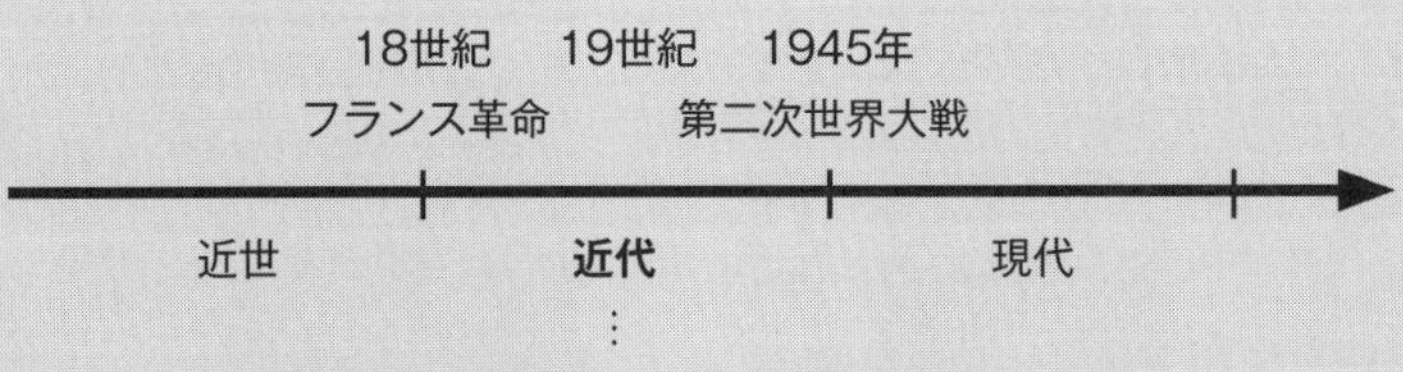

近代Ⅰ＝自由と平等　ヨーロッパの完成

近代Ⅱ＝侵略と抵抗　ヨーロッパの時代

近代Ⅲ＝戦争と平和　ヨーロッパの時代からアメリカの時代へ

第11幕　ウィーン体制——自由の抑圧

会議は踊る

フランスを中心とする一連の戦争は、全ヨーロッパを巻き込む国際戦争となりました。１８１４年、この乱れた国際秩序を再建するため、各国代表が集まってウィーン会議が開かれます（図31）。

会議の中心となったのは、フランス革命後の世界に大きな不安を感じていたオーストリアでした。フランス革命によって打ち立てられたナショナリズムが高まることは、オーストリアという帝国にとっては大きな脅威でした。オーストリアは多民族国家であり、国内には多くの異民族を抱えています。国内のナショナリズム（特に民族主義）の高揚は独立運動の生起を意味し、帝国は解体の危機に瀕し

図31：ウィーン会議

てしまいます。

このオーストリアの外相メッテルニヒ（図32）を中心に、フランスからはタレーラン、イギリスはウェリントン、その他全ヨーロッパ諸国が参加して話し合いが持たれることになりました。オーストリアでなくても、各国君主にとって自由を求める声やナショナリズムの高揚は大きな問題だったのです。

会議は紛糾します。ナポレオンはヨーロッパを散々に荒らしたため、領土の再編成、利害の調整は困難を極めました。「会議は踊る、されど進まず」という言葉にあるように「1日の4分の3はダンスと宴会」であり、話し合いは舞台袖で行われたといいます。しかし、その頃ナポレオンは7隻の船でのエルバ島脱出を準備していたのです。

図32：メッテルニヒ

メッテルニヒとタレーランのつくる時代

この緩慢な空気を凍りつかせたのは「ナポレオン、エルバ島から帰還」の一報でした。諸悪の根源が舞い戻ってきたというのだから事態は一変します（危機）。会議は急遽、妥協に向かい（団結）、ウィーン議定書がまとめられ、各国はナポレオンとの最後の決戦に向かいました（歴史の見方④）。

さて、この決定とともに19世紀前半の国際秩序としてのウィーン体制が樹立されました。体制の方針は次の2点です。

◎勢力均衡
各国が同程度の力を持つようにするべきという主張。

◎正統主義
フランス革命前の主権・領土を正統とし、革命前の状態に戻るべきとする主張。

1点目の勢力均衡は領土変更のための原則であり、「ヨーロッパの平和」のための原則です（歴史の見方⑤）。メッテルニヒの主導によって、主要国のパワーバランスが均衡するよう議定書にまとめられました。

メッテルニヒは、貴族の子として生まれ、フランス革命を憎んでいました。革命後は、反動勢力の象徴として、自由と自立を叫ぶ者を牢獄に投げ込んでいきました。しかし、一方で、彼は涼しげな目もとに得体の知れない微笑をたたえた美青年でもありました。多くの女性と浮き名を流し、その中には美貌で知られていた宿敵ナポレオンの妹のカトリーヌの名もあります。政治的信念とプライベートは別なのか、ともあれ、自由を実現させるためにはこのメッテルニヒを倒さなければならないということです。

2点目の正統主義は体制変更における原則で、フランス代表のタレーランが主張したものです。しかし、これはちょっと妙な話です。というのは、ウィーン会議は一連の戦争の戦後処理会議です。戦勝国もいれば敗戦国もいるわけで、敗戦国はいわずもがなフランスです。責任を追及されるべきフランスの代表がなぜ「戦後のヨーロッパはこうあるべき」なんてことを主張できるのでしょう。

タレーランは外交の天才と評され、メッテルニヒをして〝鋭利な刃物〟と表現させるほどの狡知をもった人物で、政治的信念よりも権力者との妥協を優先するようないわゆる食えない人物です。タレーランは、ウィーンに到着するや否や、会議においてどう動くべきかをすぐに見抜きました。彼は次のように主張します。

「お待ちください。非難する相手を間違えておられる。私はフランスのブルボン朝の代表としてこの場におります。あなたがたはルイの処刑をお忘れでしょうか？　私どもは皆さんと同じ革命の被害者なのだということをはっきりと申し上げておきましょう。そして、すべては革命の前に戻すべきです」

この一言で会議の方向性は決定しました。そう、彼は革命とナポレオンを悪とし、自らを諸国と同じ被害者とすることで、フランスの戦争責任を葬ってしまったのです。敗戦国が戦勝国に要求を通すなどということはこの限りでしょう。

こうして、ウィーン議定書はまとめられました。革命前に戻すとなれば、あのナポレオンが全ヨーロッパにバラまいた自由主義・ナショナリズム（国民主義・民族主義）も否定することになります。ウィーン体制では、各国がキリスト教の精神を共有した神聖同盟なるものを結び、協力して来たる革命に備えていくことになります。近代は、フランス革命によって蒔かれた種の芽を潰すため、国際的反動体制たるウィーン体制の成立によってスタートしました。

歴史の見方⑨　「ヨーロッパの平和」の問題2

ヨーロッパの人々は、フランス革命とそれに続くナポレオン戦争によって、再び「ヨーロッパの平和」の問題に直面することになりました。

ウィーン会議では、平和の原則として勢力の「均衡」が再確認されます。しかし、それだけでは平和を維持できないことをナポレオンが証明してしまいました。そこで、新しく加えられた平和の原則は、正統主義とキリスト教精神に基づく「協調」です。

ヨーロッパの平和の原則は「協調」
主権国家体制における勢力の「均衡」に、共通の利害と精神を共有する「協調」を加えた。

ウィーン体制は、「均衡」に共通の利害と精神を共有する「協調」を組み合わせることで、平和の維持を試みようとする新しい平和のシステムだったのです。しかし、実際には、ウィーン体制と自由主義・ナショナリズム運動は激しい衝突を繰り返していくことになります。

革命は革命を呼ぶ

ウィーン体制が成立した1815年から七月革命の勃発する1830年までの間、アメリカ独立革命やフランス革命の影響で、多くの自由と自立を求める運動が生起します。革命の成功はそれに続けとばかりに次の革命を誘発します。革命は革命を呼ぶのです。が、それらのほとんどは、メッテルニヒらによって抑え込まれてしまいました。

ウィーン体制の目をかいくぐって成功したものもいくつかあります。一つはラテンアメリカ諸国の独立です。ここはかつての新大陸ですから、ほとんどがスペインから独立していきます。ハイチの独立を皮切りに、アルゼンチン、チリ、ペルー、メキシコ、ブラジル（唯一ポルトガルから独立）などです。成功理由は、米英が独立を支持したことにあります。アメリカは西部開拓を進めていたため、ヨーロッパ諸国によるアメリカ大陸への干渉を好まず、独立を支持します（1823年：モンロー宣言）。イギリスも、すでに産業革命を終わらせて市場拡大を求めていたため、独立を支持しました。

もう一つはギリシアの独立です。ここは、イスラームを信奉するオスマン帝国の支配下にありました。ギリシアはヨーロッパ文明の発祥地であるため、独立を支持する声が広まり、鎮圧は難しかったのです。

ウィーン体制の動揺と崩壊

ウィーン体制を大きく揺るがしたのは、ヨーロッパのど真ん中、フランスでの七月革命（1830年）でした。正統主義に基づいてブルボン朝が復活したフランスでは、その反動的な政治に不満の声が高まり七月革命が勃発します。しかし、革命によって即位した王は約束を果たさず反動化していきます。なお、タレーランは七月革命ののちに病死しています。

他方、七月革命の影響を受け、ヨーロッパでは再び激しい運動が巻き起こります。オーストリアではマジャール人らが独立を求め、ロシアに対してはポーランドが反乱を起こします。イタリアやドイツでも統一を求めた運動が起こります。しかし、そこにはメッテルニヒが立ちはだかります。唯一、ベルギーだけがオランダからの独立を成功させました。

1848年、ウィーン体制はついに力尽きます。フランスで新たに二月革命が成功し、それはまたしても全ヨーロッパに波及します（諸国民の春）。ウィーンでは三月革命が勃発、メッテルニヒは亡命を余儀なくされます。オーストリアではマジャール人（ハンガリー人）、チェック人（チェコ人）、その他スラヴ人が独立を求めて運動を展開、ドイツでもベルリン三月革命が起こります。いずれも失敗に終わりますが、ウィーン体制の維持は困難であることは明らかになりました。自由と自立を抑え込む時代は完全に終わりを告げます。

ちなみに大陸で自由が抑圧されている頃、島国イギリスではすでに自由の実現に向かっていました。イギリスは17世紀には市民革命を、18世紀には産業革命をいち早く経験し、19世紀は大陸諸国の一歩先の歴史を歩んでいます。政治、経済、社会にわたって自由と平等が実現していました。ウィーン体制崩壊後、こうした動きは、イギリスを追うように大陸諸国でも進んでいくことになります。

第12幕 ヨーロッパの完成——自由の実現

自由主義とナショナリズムの実現

ウィーン体制の崩壊によって、自由主義とナショナリズムを妨げるものはなくなりました。ヨーロッパ大陸はその実現に向かいます。中でも、新たな国家として自立したのがイタリアとドイツでした。

イタリアやドイツを旅行してみると、フランスに比べ、訪れたい都市がたくさんあることに気づくことでしょう。イタリアであれば、ヴェネツィア、ピサ、ミラノ、ローマなど、ドイツであればベルリン、ミュンヘン、フランクフルト、ケルンなど。ではフランスは？　パリ、ヴェルサイユと……？　実は、ここにイタリア・ドイツとフランスの歴史の違いがあります。中世以来、イタリアとドイツ（神聖ローマ帝国）は小国家の集合体でした。現在の地方都市はその小国家の中心都市の名残りなのです。一方のフランスは、すでに中世末に統一は進んでいました。イタリアやドイツのサッカーリーグが盛り上がり、フランスがそうでないのもこういったところにも理由があるのかもしれません。

さて、統一の立役者となったのはカヴール（伊）とビスマルク（独）でした。両者の顔を見比べてみてください（図33・34）。柔和で「歴史は即興的に演ぜられる」という言葉を残したカヴールと、剛健で「問題は鉄と血によってのみ解決される」と演説したビスマルク、ずいぶん顔つきが違います。男の顔は信念の表象、この2人の表情は両国の統一事業のイメージそのものといえるでしょう。

イタリアの誕生1―歴史は即興的に演ぜられる

中世より「イタリアは国名ではなく地名にすぎない」といわれたように、半島にまとまった国家は存在していませんでした。イタリアでナショナリズム（特に国民主義）が高まると、統一に向けての運動がはじまります。では、統一する側、される側を確認しましょう。

統一する側、担い手となったのはサルデーニャ王国でした。国王はヴィットーリオ・エマヌ

図34：ビスマルク

図33：カヴール

エーレ2世、首相がカヴールです。ここは王国ですから、立憲君主政による統一を方針としていました。一方で、サルデーニャとは方針を異にしていた、青年イタリアという政治結社も統一を目指していました。青年イタリアは共和政による統一を方針としています。

統一される側、イタリアは分裂状態です。イタリアの主要都市ロンバルディアとヴェネツィアはオーストリア領となっており、中部には都市を中心とした無数の都市共和国が分立、そして教皇の私領である教皇領があります。さらに南部にはシチリア島と併せて両シチリア王国が存在していました。

カヴールがすべきことは、オーストリアを打倒してロンバルディアとヴェネツィアを奪い返す、そして中部イタリアの都市共和国群、教皇領、南部の両シチリア王国、これらを一つ一つ併合していくことです。

カヴールは、注意深くヨーロッパの情勢を観察し、戦略を立てていきます。彼の最初の一手はクリミア戦争で英仏を支援することでした。これは黒海北岸のクリミア半島で起きた国際戦争で、英仏やオスマン帝国がロシアを敵として戦ったものです。

戦争の結果、英仏・オスマン帝国側が勝利し、サルデーニャは国際的地位を高めます。カヴールは自ら講和会議に乗り込み、イタリア統一の必要性を説いてその協力を求めました。戦争への参加は統一への大きな布石となったのです。

翌年、カヴールはフランスのプロンビエールを訪れます。時の指導者ナポレオン3世（ナポレオン1世の甥）に会うためです。彼は、この時の心情を友人に手紙で書き送っています。

「この遠大な計画も終幕に近づいている。この最高の瞬間に、失敗のないように祈っていてくれたまえ。私は自信の強い方だ。しかし、重苦しい不安を感じないわけにゆかないのだ」

よほど重要な任務であることが覗えます。彼はナポレオン3世との間に密約を交わしました。サルデーニャがサヴォイア・ニースを割譲する代わりに、フランスは対オーストリア戦（ロンバルディア、ヴェネツィアの奪回）を支援することを約束するというものです。ここにはクリミア戦争での恩が効いています。

サルデーニャとフランスは水面下で協力関係に入り、オーストリアとは敵対していきます。のち、ナポレオン3世はヨーロッパ諸国の外交官を集めたパーティーを開きました。そこにはオーストリアの外交官も出席しています。ナポレオン3世は外交官に近づくと静かに耳打ちをしました。

「貴国と争わなければならなくなりました。しかし、貴国に対する敬意は変わりません。そう陛下にお伝えいただきたい」

オーストリアの外交官はフランスがサルデーニャに味方したことを知ります。外交官はあわてて帰国、戦争準備に入りました。のちの新聞には「サルデーニャとフランス、オーストリアと戦争か」の文字が踊ります。こうして、イタリア統一戦争へと突入していくことになります。

イタリア統一をめぐって、サルデーニャはオーストリアと激しく衝突します。カヴールの見立て通り、戦いは連戦連勝。すべてはうまくいっていたのです。しかし、ここで不測の事態が！ フランスが突如として支援をやめ、戦争から離脱してしまったのです。ナポレオン3世は優柔不断な男で、支援してみたものの、自国周辺に巨大な国家ができることに不安を覚えはじめました。フランスの支援なしに勝利することはできません。サルデーニャはロンバルディアのみの奪回にとどまってしまいました。

何かを成し遂げようとする時、予想もしなかったことというのは必ず起こります。その時どう動くのかがその後を決定していくことは、誰もが知っているでしょう。カヴールは「歴史は即興的に演ぜられる」という言葉を残しています。この不測の事態に即興的に手を打っていきました。ロンバルディアとヴェネツィアを獲得するためにサヴォイア・ニースを割譲したのに、ロンバルディアのみの獲得では釣り合いません。そこで、カヴールはナポレオン3世にヴェネツィアの代わりに中部イタリアの併合の承認をとりつけました。2つ割譲して2つ獲得で終わらせたのです。失敗してもその対処に成功して終わる、これは大切なことです。

こうして、ヴェネツィアは獲得できなかったものの、ロンバルディアに中部イタリアと、サルデーニャは北部から統一を進めていくことになりました。統一は順調と見られていましたが、この時、南部ではカヴールにとって不気味な動きが進行していました。ガリバルディの運動です。

イタリアの誕生2―もう仕事はない

ガリバルディ。彼は元青年イタリアの人間です。したがってカヴールら立憲君主派とは異なり、彼は共和派です。ガリバルディは、親衛隊を引き連れ、シチリア島、次いで南イタリアを占領して両シチリア王国を併合していました。これはカヴールからすれば気になる動きです。方針の異なる二つのベクトルが北と南から伸び、両者は半島の中央部で出会うことになりました（図35：テアーノの会見）。一歩間違えば、武力衝突にも発展しかねない状況です。そこで、カヴールは意外な言葉をガリバルディから聞くことになります。

「シチリア島、そして南イタリアは貴国に無償で献上しましょう」

カヴールは耳を疑いました。苦心して手に入れた土地を何の見返りもなく政敵に差し出すというのですから、普通の人間では考えられません。

図35：テアーノの会見（抜粋）

「では、ガリバルディ。君は、これからいったいどうするつもりだ？」

「私は故郷に帰って羊でも飼いながらのんびり暮らしますよ。では」

ガリバルディは馬とともに颯爽《さっそう》と走り去っていくのです。ガリバルディが人々を魅了するのは、この引き際の見事さでしょう。

この両シチリア王国の併合によって、イタリアの統一はひとまず完成、イタリア王国が誕生します（ヴェネツィアとローマ教皇領等を除く）。カヴールはその年、過労で倒れ、この世を去ります。

「イタリアは誕生した。もう仕事はない……」

カヴールの最期の言葉です。まだ50歳でした。カヴールの鮮やかな戦略と機転によって、イタリアの建国という偉業は成し遂げられたのです。１８６１年のことでした。このイタリアの統一から10年後、今度はヨーロッパにドイツが誕生します。

ドイツの誕生1――鉄と血

ドイツも中世の神聖ローマ帝国以降、封建的な小国家である領邦の集まりにすぎませんでした。ナポレオンによって神聖ローマ帝国は解体され、その歴史的役割を終えましたが、ウィーン会議において、ドイツには同様に分裂状態のドイツ連邦が誕生しました。では、統一する側、される側を確認しましょう。

統一する側、担い手はプロイセン王国でした。国王ヴィルヘルム1世と首相のビスマルクが率いる国家です。一方で、オーストリアもドイツの統一を目指していました。

統一される側、ドイツはやはりバラバラな状態です。ドイツ連邦を構成するのは、プロイセン、オーストリア、さらに北ドイツ諸邦、南ドイツ諸邦があります。

ビスマルクがすべきことは、まずオーストリアを打倒し、ドイツ統一の主導権を握ること、そして北ドイツ諸邦と南ドイツ諸邦を併合することでした。オーストリアはイタリア統一でもドイツ統一でも敵とされる形になったわけです。ビスマルクは議会の演説にて所信を表明します。

「ドイツはプロイセンの自由主義でなく、その実力に期待している。現下の大問題は言論や多数決によってではなく、鉄と血によってのみ解決される」

鉄は兵器を、血は兵士の犠牲を意味します。戦争によって決着をつけようというわけです。ビスマルクの政策は鉄血政策と呼ばれ、ドイツでは軍備拡張とともに軍需産業が育っていくことになりました。

ビスマルクの最初の一手はデンマークとの戦争でした。ビスマルクは領土問題を口実に、オーストリアを誘ってデンマークに出兵します。無論、プロイセンとオーストリアは勝利しました。ただ、デンマークのような弱小国はオーストリアの力を借りずとも倒せるはずです。ビスマルクの意図はどこにあったのでしょうか。

彼は慎重です。オーストリアとともに出兵をすることで仮想敵国オーストリアの実力の程を確かめておきたかったのです。デンマーク戦争ののち、プロイセンはオーストリアと開戦します(普墺戦争)。勝てると判断したということです。

ビスマルクの予想通り、この戦争はわずか7週間で決着がつきます。勝利したプロイセンは同時に北ドイツ諸邦を併合し、北ドイツ連邦を成立させます。敗北したオーストリアは国内のマジャール人の自立の承認を余儀なくされます。同君連合となり、オーストリア・ハンガリー帝国となりました。勝敗は両国の明暗をはっきりと分けることになったのです。

残されたのは南ドイツ諸邦の併合です。統一の実現まであと1歩。ですが、ビスマルクにはもう一つ叩いておかなければいけない国がありました。

ドイツの誕生2──歴史的帰結は対仏戦争

「ドイツ統一の歴史的帰結は対フランス戦争である」

ビスマルクは常々そう口にしていました。フランスはあの優柔不断なナポレオン3世が支配しています。歴史上、独仏は常に戦ってきました。イタリア戦争、三十年戦争、ナポレオン戦争でも戦いました。近代以降、ヨーロッパの歴史は独仏対立の歴史といっても過言ではありません。ビスマルクは、統一をフランスが妨害してくるだろうと考え、統一の帰結を対仏戦としていたのです。

戦争はプロイセンの挑発で起こります（普仏戦争）。フランスは恐れるに足らず、ナポレオン3世はセダンで降伏し、プロイセンが勝利をおさめました。

敗北したフランスでは、ナポレオン3世による帝政が崩壊してしまいます。勝利したプロイセンは、北ドイツ連邦に南ドイツ諸邦を加え、ここにドイツの統一を達成しました。ドイツ帝国誕生。1871年のことです。

普仏戦争の講和条約はフランクフルトで締結されます。まず、アルザス・ロレーヌがドイツに割譲されます。ここは三十年戦争でも独仏が奪い合った係争地であり、のち第一次世界大戦でフランスが奪い返すことになります。さらに、50億フランという巨額の賠償金が課されます。フランクフルト講和条約は非

図36：ドイツ統一式典

常に厳しい内容になったのです。しかも、ドイツ統一の式典はヴェルサイユ宮殿鏡の間で行われました（図36）。この屈辱はフランス人の誇り高き自尊心を深く傷つけるものになり（歴史の見方⑧）、鉄と血の政策から受けた恨みは第一次世界大戦まで引きずられていきます。

歴史の見方⑩　人間とは、国家とは何か（近代以降）

さて、こうしてヨーロッパには主要な「国家」が出そろっていきましたが、この「国家の誕生」を少し哲学的にとらえておきましょう。

中世と近代の違いを一言でいうならば、「神がいるか、いないか」といえるでしょう。中世は、神という中心を持ち、キリスト教の秩序で成り立っていた時代です。中世には「個人」も「国家」もなく、すべてはキリスト教徒であり、ヨーロッパは一つのキリスト教世界でした。ただし、そこには神という中心からの距離によって形成された身分制度が存在します。神に近いものが王であり貴族、遠いものは民衆たちです。

しかし、中世が終焉していくとともに、神という中心は喪失し、キリスト教の秩序は崩壊しました。中心がなくなれば、中心からの距離、つまり身分制度はなくなります。その結果として生まれたのが「自由」「平等」な近代という時代だったのです。これはヨーロッパのみならず世界に広められていきます。

中世は「不自由・不平等」「神がいる」、近代は「自由・平等」「神はいない」

自由、平等……これらは理想的な概念のようにも思えますが、人間をなかなか困難な状況に追い込みます。というのは、神の喪失は「存在意義の喪失」を意味するからです。中世であれば、自分は何者なのか、なぜ生き、どこに向かっているのか、といったことをすべて宗教が説明してくれました。しかし、近代にはそういった物語がもうありません。人はそれを自ら見出していかなければならなくなりました。すべての人間に普遍的に突きつけられている「孤独」という事態です。私も、皆さんも、あるいは他の誰かも、私たちは存在意義を喪失した孤独な個人なのです。

人はこの孤独に耐えられるほど強くはありません。例えば、「あなたはこの会社（学校）において存在意義を喪失しました」といわれたら……これはとんでもなく恐ろしいことでしょう。ですから、人はなんとか自らの存在意義を見出し、自ら自分を定義していこうとします。私たちは存在意義を求め彷徨っているのです。

近代より、人は「存在意義を喪失」し「孤独」に陥った

ところで、やっかいなことに、実は自ら自己を定義することはできません。例えば、「この文章は誤っている」という文章は、この文章の正しさを自ら証明することはできません。ではどうするか。自らの定義は「他者との差別化」によってなされ、「他者からの承認」によって完成させることになります（図37）。「私はフランス人ではない、イギリス人だ」といった具合に、他者との差別化によって自己を定義するしか道はないのです。すると、そこには「種の分離」が生まれます。個人の別が生まれます、国家の別が生まれます。もうおわかりでしょう。ここに、近代という時代に「個人」や「国家」の別が生まれる理由があるのです。もっと私たちの生活に引きつけてみても、私たちは存在意義をこうした「種の分離」に求めます。自分は父親ではなく母親だ、自分は公務員ではなく会社員だ、自分は京大生ではなく東大生だ、などなどです。

この「他者との差別化」というのは、私はあなたとは違うんだという少し嫌な「自己主張」です。要するに各民族の「自己主張」が「ナショナリズム」であり、その結果としての「種の分離」が「国家」なのです。自由主義は必然的にナショナリズムを生みます。二つはコインの表裏といえるでしょう。

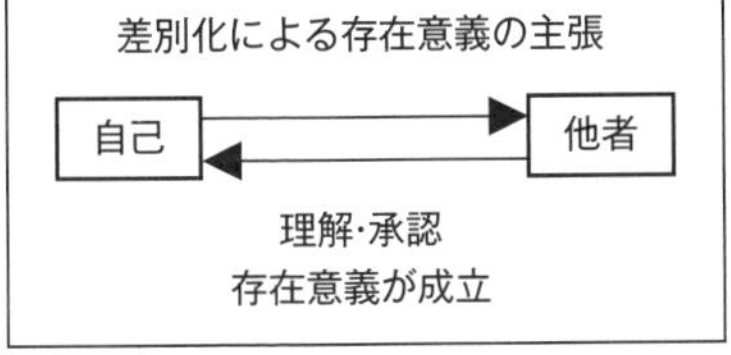

図37：近代人の存在意義

近代より、人は「自己の存在意義」を「他者との差別化」により見出す
それが「ナショナリズム」であり、その結果が「国家」（種の分離）。
自己の存在は「他者からの承認」によって完成する。

少し哲学的な話になってしまいましたが、これがニーチェが「神は死んだ」という言葉によって白日のもとにさらした世界なのです（図38）。無論、これらは一瞬にして起きたことではありません。神が天上に去ってから、ざっと700年ほどの歴史の中で少しずつ進んで現在に至っているといえるでしょう。

ビスマルクの操るヨーロッパ

ドイツ統一後、ビスマルクは方針を大きく転換します。一言でいえば「内を固めるため外へは出ない」です（歴史の見方③）。ドイツは願ってもない形で誕生しました。ア

図38：ニーチェ

ルザス・ロレーヌを奪い、50億フランなんておまけまでついています。ビスマルクはこの統一を維持することを絶対の目標としました。国内にはプロイセン主導の統一に反対する勢力がいます。統一を守るため、国内の反対勢力を徹底的に弾圧していく必要があります。国内の敵と戦うのであれば、国外に敵をつくるべきではありません。「内を固めて外へ」を変形した「内を固めるため外へは出ない」です。戦争に巻き込まれないよう、外交については「ヨーロッパの平和を守ること」を方針としました。

ビスマルクはナポレオンの研究を熱心に行っており、この外交方針もナポレオンの失敗から練られたもののようです。

「彼は勝利に酔って、愚かにも成功を摑んだあとの自制を放棄してしまった。その結果、戦争に次ぐ戦争に突入していくことになり、ついには自らをも滅ぼしてしまったのである」

ビスマルクはヨーロッパの国際関係を巧みに操り、平和を維持します。彼の目の黒いうちは大規模な戦争が起こることはないでしょう。鉄と血の宰相も、いまや平和の使者です。ビスマルクがいなくなる時、すなわちヨーロッパの平和が守られなくなる時、それは第一次世界大戦に向かうスイッチが押される時となります。

歴史の見方⑪

主要国の国民性（独）

さて、ここでドイツのお国柄を考えてみましょう。ドイツといえば規律正しく秩序を好むイメージがあると思います。

中世より、ドイツはバラバラな国の集まりで、時代によって神聖ローマ帝国とかドイツ連邦と呼ばれていました。正式にドイツという国家が誕生したのはこの19世紀後半になってようやくです。藩が分立していた日本と少し似ていますが、中世の末（15世紀頃）にすでに統一が進んでいたフランスとは大違いです。バラバラな国を統率するには公の秩序が重要になります。時間に正確であるところにそれはよく表れています。公の規律に従い、勤勉で生真面目なのがドイツ人です。ここもやはり日本と共通しているように思います。

ドイツ人は公的な規律と秩序を好む、勤勉で生真面目な性格
ドイツ人は個人の時間も大切にする

しかし、その一方で、その反動としてドイツ人はプライベートな時間も大切にするようになります。仕事は1か月連続の休暇を年に1回とるのが普通とされ、ヨーロッパでも最も多く休暇をとる国です。

やはり一歩先をいくイギリス

ヨーロッパ大陸で自由が実現していった頃、イギリスでは早くも帝国主義政策が進められています。つまり、内はもはや固まり、外への進出がはじまっているのです（歴史の見方③）。この19世紀イギリスの一人勝ちの時代を「パックス・ブリタニカ」といいます。

イギリスの19世紀の半ばから後半にかけてはヴィクトリア女王の時代、そのもとで典型的模範的な二大政党時代が築かれていきました。イギリスの二大政党は自由党と保守党です。自由党は小英国主義と呼ばれる対外消極策（内を固める）を採用し、保守党は大英国主義と呼ばれる対外積極策（外に出る）を方針とします。内を固めたり外に出たりをバランスよく進めていくわけです。

国内では選挙法の改正が進み労働者にも参政権が付与されます。教育法の制定は義務教育を整備しました。イギリスの工業力・技術力を誇示するため、世界最初の万国博覧会もロンドンで開催されていきました。

対外的には、アヘン戦争・アロー戦争によって中国へ進出し、アジアへの中継地点であるスエズ運河を買収、インドの植民地化も完成させました。南アフリカでもブーア人を征服します。

イギリスは大英帝国として、最も広大な植民地を誇りました。

さて、イギリスに遅れて、ヨーロッパ大陸でも自由と平等をもとにした国づくりが行われていったわけですが、それは大西洋の向こう側でも同様でした。アメリカの発展について見ていきましょう。

第13幕　アメリカの発展――建国の神話

フロンティアの開拓

ヨーロッパが自由の抑圧（第11幕）からその実現（第12幕）へと向かっている頃、アメリカは「国づくり」に注力していました。19世紀、独立したばかりのアメリカが直面した問題は、国土の拡大（フロンティアの開拓）、そして政治制度や外交方針の決定など、国家運営上の重要な要素を固めていくことでした。

中でも重大な課題は、アパラチア山脈の西に広がるフロンティアの開拓です。アメリカ政府は、英仏から次々と領土を獲得し、国土を拡大していきました。ここで問題となったのは、先住民インディアンの存在ですが、第7代大統領ジャクソンはインディアン強制移住法を制定して辺境地へと追いやり、〝マニフェスト・デスティニー（明白な天命）〟という言葉で侵略を正当化しました。なお、ジャクソン大統領は初の西部出身の大統領であり、アメリカにジャクソニアン・デモクラシーと呼ばれる民主主義を定着させた人物でもあります。この時、ジャクソンを支持した人々によって組織されたのが民主党であり、反対者はのちに共和党を組織していくことになります。これが現在のアメリカの二大政党です。

現場の開拓を担ったのは、ヨーロッパからの移住民たちでした。カリフォルニアで起こったゴールドラッシュも移民の流入を加速させ、西部開拓を進展させていきます。

フロンティアの消滅が宣言されたのは１８９０年のことでした。アメリカは19世紀をすべて国内事情、特に西部開拓に費やし、その中でアメリカの「お国柄」は形成されていくことになります。

歴史の見方⑫　主要国の国民性（米）

アメリカ人の気質はわりと広く知られなじみもありますが、歴史と関連づけて整理していきましょう。

アメリカ人は自主・自律的な精神（フロンティア・スピリット）を持ち、成功（アメリカンドリーム）を夢見る

自主的で自律的。平等のもとでの成功や失敗はすべて自己責任。

アメリカという国家は西部開拓によってつくられ、国民性もその中で培われたといえます。開拓という事業は自由に行われ、一方で西部の厳しい環境は平等にすべての人間に立ちはだかっていました。地位や肩書きなどは何の役にも立たず、その過酷な環境は自己責任の世界をつくり出します。これは自己の安全についても同様で、アメリカが銃社会であることもここに端を発します。西部開拓では、土地が広すぎるため保安官はあてにならず、各家で銃を常備する必要がありました。インディアンからの襲撃に対して自分の身は自分で守らなければいけないのです。しかし、リスクがある分、成功者には惜しみない拍手が送られます。

このように、自由・平等のもとで、成功や失敗はすべて自己責任、自主的で自律的な行動を求められるのがアメリカという国なのです。

ヨーロッパ大陸に背を向けて

この西部開拓の間、同じアメリカ大陸の南部、ラテンアメリカ諸国の独立運動が起こります。ヨーロッパではウィーン体制が猛威をふるっている時代です。ヨーロッパ諸国は、大西洋の向こう側の独立運動をも抑圧しようとしました。これに対し、アメリカは第5代大統領モンローがモンロー宣言を発します（１８２３年）。アメリカ大陸とヨーロッパ大陸との相互不干渉を主張したものです。なぜでしょうか？　同じような動きは何度もありました。そう、またも内を固めて外へ（歴史の見方③）。アメリカは内が固まっていないのです。隙をついて外から攻められればひとたまりもないため、外との関わりは排除せざるを得ません。

この方針はモンロー主義と呼ばれるアメリカの外交方針（孤立主義）となっていきます。現在のアメリカからは考えられないかもしれませんが、アメリカは基本的に他国との関わりを持たないように歴史を歩んだ国なのです。

南北戦争とリンカーン

アメリカの国土が拡大していくと、必然的に地域差が浮き彫りなっていきました。特に、北部と南部との差が歴然となり、アメリカは分裂の危機に陥ります。そして始まったのが南北戦争です（１８６１～６５年）。北部と南部には次のような相違がありました（図39）。

北部		南部
商工業	産業	農業
反対	奴隷制度	賛成

図39：北部と南部の違い

北部は、産業の中心が商工業です。機械を使用するため、労働力は奴隷ではなく労働者を雇う必要があります。南部の産業の中心は農業です。農作業であるため、労働力は奴隷で充分です。南北の対立はこの奴隷制度に焦点が集まっていきます。ストウ夫人が『アンクル・トムの小屋』を発表し、奴隷の悲惨な生活を描いて大きな反響を呼ぶと、南北の奴隷問題をめぐる衝突はいよいよ激しいものとなっていきました。

不穏な空気の中、共和党に所属する第16代大統領党リンカーンが大統領に当選します（図40）。

共和党は奴隷制度に反対していたため、これを機に南部は連邦から分離独立してしまいます。リンカーンは南部に呼びかけます。

「不満をいだいている同胞のみなさん、アメリカが分裂するか否かの問題は、あなたがたの手の中にあるのであって、私の手の中にあるのではありません。政府はあなたがたを攻撃するようなことはいたしません。いかなる州も自分だけの動機によって、連邦から合法的に離脱することはできないのです！」

しかし、すべては手遅れでした。アメリカは分裂か統一かの命運をかけた南北戦争に突入します。北部のリンカーンは戦争中に奴隷解放宣言を発することでヨーロッパ諸国の支持を得て、戦争を有利に進めていきました。独立革命の時の独立宣言と同じ手法です。

リンカーンの努力によって、戦争は北部勝利に終わり、アメリカの分裂は回避されました。しかし、その1か月後、リンカーンは観劇中に狙撃され、翌日に死亡します。犯人は南部出身のブースという男でした。

戦後、1869年に大陸横断鉄道が完成し、アメリカの国家統一は進んでいきます。70年代には

図40：リンカーン

経済が発展して工業化が進展しました。そして、90年にはフロンティアの消滅が宣言されます。ここに、遅ればせながら、アメリカという国家は完成し（内が固まる）、対外進出の準備が整うことになります（外に出る）。

KKK

さて、アメリカ社会はどうなったのでしょうか。戦争中にリンカーンが奴隷を解放して、戦争後に奴隷はどうなったのでしょうか。

憲法修正第13条により、奴隷制度の全面廃止が規定されることになりましたが、残念ながら黒人奴隷問題は黒人問題として残ることになります。南部諸州では黒人弾圧のための黒人取締法が制定され、さらに、悪名高い白人至上主義の秘密結社ＫＫＫ（クー・クラックス・クラン）も組織されます。彼らは、白装束で身を隠し、選挙の前日には黒人の家を襲撃して投票にいかないよう脅迫しました（図41）。やがて、ジム・クロウ法と呼ばれる公共施設や交通機関で黒人専用の部屋や座席をWhiteとColouredに分ける人種分離法が制定されると、ＫＫＫはその目的を失い、警察の摘発も加わって自然消滅したかに見えました。しかし、ＫＫＫは滅んではいませんでした。その淀んだ精神は地下で受け継がれ、第一次世界大戦後に復活することになります。

アメリカの歴史は、独立革命やフロンティア開拓、そして南北戦争と、いずれも自由や平等を全面に掲げて行われますが、常に少数派は無視されてきました。独立宣言で高らかに謳われた基本的人権に、先住民インディアンや黒人奴隷は含まれていません。アメリカ人はことさらに「先祖が行った開拓」を神話化し、勝ち取った自由・平等を強調しますが、それはインディアンの地への侵略であったともいえます。第二次世界大戦後、アメリカ人が目を背け続けてきたものを解決しようと試みたのがケネディ大統領です。彼はテレビ演説で次のように指摘しました。

「我々は世界で自由の価値を説き、国内でも自由を尊重している。にもかかわらず――わが国は自由の地だが、黒人は例外。差別はないが、黒人は例外。階級制度やスラムはないが、黒人は例外、など

図41：1923年のKKK

と言えるだろうか」（『映像の世紀第9集ベトナムの衝撃』ＮＨＫより）

黒人たちが権利を勝ち取るには、同時代のキング牧師の登場を待たねばなりません。しかし、この根深い問題は、現在でも解決を見ていません。

第4章　近代Ⅱ　侵略と抵抗

――ヨーロッパの時代

本章の内容

「近代Ⅱ」は「侵略と抵抗」の時代です。19世紀後半の1870年代、欧米では第二次産業革命が起こります。その結果、欧米諸国は資本主義から帝国主義の段階に進み、全世界の支配を目論みます。ヨーロッパによって世界は分割され「ヨーロッパの時代」が現出されます。この動きに対して、ヨーロッパでは資本主義に対抗する社会主義、アジアでも侵略に対する激しい抵抗が起こりました。ヨーロッパによる世界を舞台とした植民地分割競争は、やがて歴史を第一次世界大戦という悲劇に導いていくことになります。

本章では、資本主義に対抗した社会主義者、そして侵略に抵抗したアジアの指導者に焦点を当てて見ていきましょう。

◉近代

ヨーロッパが侵略、アジアは抵抗、ヨーロッパが世界を征服した時代。

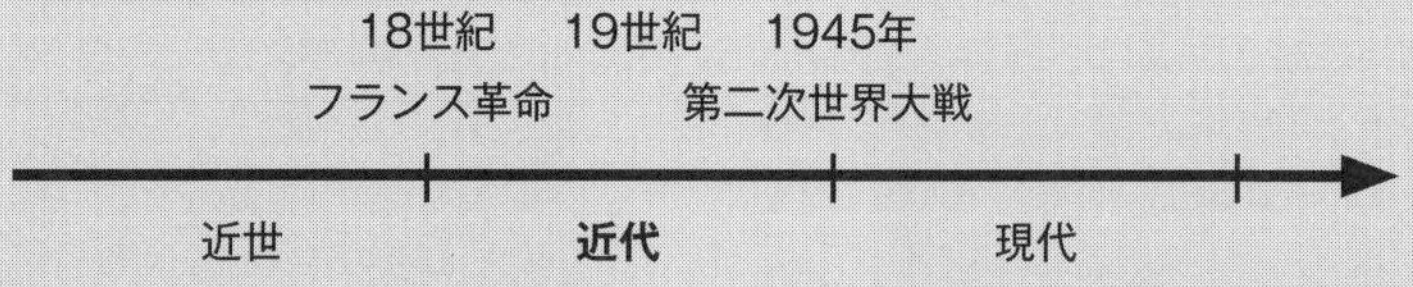

近代Ⅰ＝自由と平等　ヨーロッパの完成

近代Ⅱ＝侵略と抵抗　ヨーロッパの時代

近代Ⅲ＝戦争と平和　ヨーロッパの時代からアメリカの時代へ

第14幕 第二次産業革命と帝国主義――金は稼げるだけ稼ぎ

今度は重工業で

1870年代、欧米では第二次産業革命が起こりました。第一次産業革命と第二次産業革命を比較すると、次のようになります（図42）。第二次産業革命の担い手はアメリカやドイツが中心となり、イギリスは生産力において「世界の工場」の地位からは転落してしまいます。アメリカやドイツはともに1860年代に国家の統一を進め、1870年代に工業化を成功させました。アメリカは世界一の生産力を誇ることになります。

第二次産業革命は重化学工業の分野で、石油や電気を動力として進展し、ヨーロッパに多くのものをもたらしました。電気を動力としたため、通信技術が発達、モールス信号や無線電信、電話機が発明され、世界最初の通信社であるイギリスのロイター通信も設立されます。エジソンも

第一次産業革命			第二次産業革命
18C半ば～19C	1830年代	時期	1870年代
イギリス	ヨーロッパ大陸諸国	中心	アメリカ・ドイツ
軽工業		分野	重化学工業
石炭・蒸気力		動力	石油・電気

図42：2度の産業革命

この時代の人物です（図43）。情報を通じての「世界の一体化」が進みました（情報革命）。

交通の分野では、ガソリン式自動車がドイツのダイムラーとベンツによって発明されます。さらに1881年にはドイツで初めて電車が営業運転を始めます。また、交通が発達すると、人の移動は加速し移民が増加します。そして、国際オリンピック大会（第1回は1896年）や万国博覧会（第1回は1851年のロンドン）、万国平和会議など、国際的な大会や組織が生まれます。人の移動による「世界の一体化」も進んでいったのです（交通革命）。

工業化の背景には科学の発達があります。物理学の分野では、ドイツのマイヤーやヘルムホルツらによってエネルギー保存の法則が発見され、レントゲンもX放射線を発見します。化学ではキュリー夫妻がラジウムとポロニウムを発見し、生物学ではダーウィンが進化論を提唱しました。こうした科学の発達は、情報革命や交通革命など、生活に応用されますが、一方で戦争にも応用され

図44：ノーベル

図43：エジソン

ていくことになります（歴史の見方②）。ノーベルによるダイナマイトや無煙火薬の発明はそのわかりやすい例といえるでしょう（図44）。これは帝国主義時代の侵略を支えるものとなりました。

独占資本

第二次産業革命の進展により、産業資本の集中・独占が進み、市場を独占的に支配した独占資本が登場します。

例えば、携帯電話業界に一社しか会社がなかったとしたら、その会社は当然儲かるでしょう。独占というのは企業にとってはおいしい状態なのです。一方で、独占は競争ではないため、携帯電話業界の発展にとってはよくない状態といえます。この時代、こうした市場を独占する大企業が登場しました。具体的には、スタンダード石油会社（米）やクルップ社（独）などです。

独占資本が出現した背景には、第二次産業革命が重工業の分野であったことが挙げられます。例えば、軽工業の綿織物工業であれば私たちでもできるかもしれません。ミサンガなんかをつくって売れば、それは立派な軽工業です。しかし、重工業は？ 自動車をつくってください、電車をつくってくださいといわれたら……自分だけではとてもできません。多くの人とたくさんのお金が必要になります。あらゆる分野の技術者が必要ですし、設備投資にも巨額の資金が必要です。そこで、多くの会社が集まって技術と資金を持ち寄った結果、市場を独占するような巨大な会社が出現することになったわけです。

独占資本は、国内の特定分野の金儲けを独占しました。となると……次は？　国外で、と考えるでしょう（歴史の見方③）。それが帝国主義です。

帝国主義の構造

帝国主義を理解するには、まず「帝国」を理解しなければいけません。帝国とは「異民族、異教徒を内包しつつ広大な領域を支配する国家」のことをいいます。欧米は、アジア・アフリカに多くの植民地を形成し、支配していきます。イギリス人は、イギリスを本国として、インド人をはじめとする多くの異民族を支配しました。帝国主義は「帝国」の構造を持つ対外膨張政策といえるわけです。

欧米列強の独占資本は、国内での金儲けが飽和状態に陥ったため、国外、特に経費の安い植民地での金儲けに走ります（資本輸出）。土地・原料・労働力などを安価で済ませられる植民地でのビジネスは、莫大な利益が見込めるのです。しかし、そこには資本家たちではできない問題がありました。一つは植民地の獲得、もう一つは治安の維持です。植民地の獲得のための侵略戦争、植民地人の反乱の鎮圧、これらはビジネスマンで務まるものではありません。そこで、独占資本は国家権力と結びつくことになります。

欧米列強は、国家と資本家の共同作業で、利益獲得のための世界征服に乗り出します。欧米列強によって世界の5分の4が支配される世界分割です。

東方問題

この時代、イギリスはインドを中心に植民地を経営し、アフリカや東南アジアではフランスと植民地を奪い合います。アメリカはフロンティアを消滅させてから太平洋へと進出、オランダはインドネシアの植民地経営に専念します。ロシアはその広大な領土から、地中海方面や中央アジア、極東方面へと膨張していきます。その中で生じた、地中海方面での英露対立を東方問題といいます。

19世紀にナショナリズム運動が起こってから、オスマン帝国（トルコ）領バルカン半島ではスラヴ人の独立が問題となります。19世紀のオスマン帝国は、帝国解体の危機に陥ったため〝瀕死の病人〟と呼ばれていました。この民族問題に、ロシアとイギリスがそれぞれの政策を実現するために介入してきます。ロシアは地中海への出口を求めて干渉してきます。ロシアは、同じスラヴ人を独立させることで海への

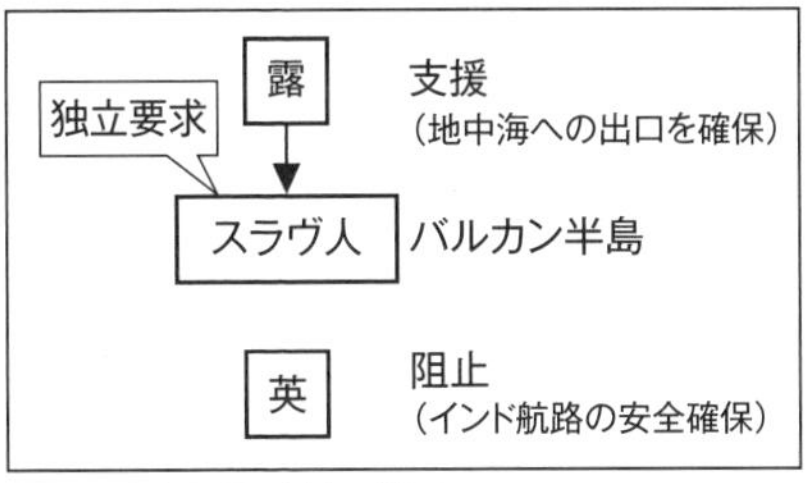

図45：東方問題の対立の構図

出口を模索したのです（南下政策）。一方、イギリスは、重要な植民地インドに向かう航路にロシアが進出することは、なんとしても食い止めなければなりませんでした。ここで、スラヴ人の独立を問題として英露の対立が生じ、いくつもの戦争が起こることになります（図45）。

エジプト・トルコ戦争、クリミア戦争と戦争は繰り返され、その度にロシアはイギリスに抑えられます。しかし、露土戦争では、いくつかのスラブ人国家の独立が認められ、ブルガリアは自治が認められます。ロシアはこれらの領土を利用して、地中海への出口を確保することに成功します。

当然、イギリスはロシアの南下政策の成功に反発します。他方、オーストリアはスラヴ人たちの独立に反発しました。オーストリアは国内に多くのスラヴ人を抱えています。メッテルニヒの時代と同様に、周辺でのスラヴ人の独立成功は国内の独立運動に影響を及ぼします。そして、ロシアとイギリス・オーストリア間に戦争の危機が叫ばれますが、結局、国際会議が開かれてロシアの南下は阻止されてしまいました。

この時代、イギリスは先述したように、アフリカや東南アジアでフランスと対立し、このバルカン半島やさらに中央アジアではロシアと対立しています。世界は英仏対立と英露対立で見ることができ、「パックス・ブリタニカ」はフランスとロシアを敵として成り立っていました。

歴史の見方⑬

主要国の国民性（露）

この東方問題には、ロシアという国の性格がよく表れています。まず、近代ロシアの国家戦略は「海に出ること（不凍港の獲得）」でした。ロシアは広大な国土を有しますが、海上貿易の時代にもかかわらず海への出口を持っていませんでした。海に面していても多くが凍っていて港としては使えません。ロシアが進出可能な海は四つです。バルト海、黒海（地中海）、インド洋、そして太平洋です。かつての絶対主義時代には、スウェーデンとの戦いに勝利してバルト海への出口を確保します。今回の東方問題では、黒海（地中海）への進出を模索しているのです。あるいは、インド洋への進出を求め、イランをめぐってイギリスと対立、さらに太平洋へはウラジヴォストークを建設して進出も果たしていきますが、朝鮮半島をめぐって日本と対立します（日露戦争）。現在では、北方領土が日本との間で問題になっています。

この東方問題においても発揮されますが、一般にロシア人には次のような気質があるといわれています。

ロシア人は豪快、酒好き（寂しがり屋）ロシア人は粘り強い

やはり地理的条件に原因がありますが、ご存知の通りロシアは世界一の広さの国土を有しています。それが豪快さやスケールの大きさを生んでいるのでしょう。また、ロシアは極寒の地です。寒い時は人肌恋しくなるものです。ロシア人は一人ぼっちを好まず、人情味があって体を温め合うような団欒《だんらん》を好むようです。結果、ウォッカを豪快に飲むロシア人のイメージができあがるわけです。

また、ロシア人は粘り強く我慢強いということも特徴です。そうでなければこんな寒い土地に住んでいられないでしょう。この東方問題においても、立ちはだかるイギリスにめげずに何度も何度も地中海への進出を試みています。また、ナポレオン戦争の際にも、あえて逃げる焦土戦術をとり、季節が冬になるまでじっと耐え、敵が寒さと食料不足に陥ったところで逆襲に転じて勝利しました。粘り勝ちです。第二次世界大戦でも同じやり方でヒトラーを撃退しています。

これまで、主要国の国民性として、イギリス・フランス・ドイツ・アメリカ・ロシアと見てきました（日本は後述）。最初に断っておきましたが、お国柄というのは少々暴論です。ですか

ら、ジョークに止めておく程度が良いのかもしれません。そこで有名なエスニックジョークを紹介しておきます。（参考資料『世界の日本人ジョーク集』）

様々な民族の人が乗った豪華客船が沈没しようとしている。
それぞれの乗客を海に飛び込ませるには、どのように声をかければいいか？

イギリス人「こういう時にこそ紳士は海に飛び込むものです」
フランス人「決して海に飛び込まないでください」
ドイツ人「規則ですので飛び込んでください」
アメリカ人「今飛び込めばあなたはヒーローになれるでしょう」
ロシア人「（海の方を指して）あっちにウォッカが流れていきましたよ」
日本人「みんな飛び込んでいますよ」

さて、欧米の帝国主義の波が世界を襲う中、欧米の国内にはそれに異を唱える人たちも出てきます。資本主義に反発した社会主義者たちです。

第15幕 社会主義の成立と台頭―若きマルクスの信念

マルクスの時代の世界

第一次産業革命によって、ヨーロッパ諸国には〝二つの国民〟が生まれました。資本家（ブルジョワジー）と労働者（プロレタリアート）です。第二次産業革命は、競争が患う格差をさらに広げていきます。労働者は劣悪な労働環境に置かれ、貧困化し、女性や子供までが長時間労働を強いられていました。資本主義の発展の裏では労働者たちの怨嗟《えんさ》の声が蓄積していたのです。

これに怒りをもって立ち上がったのがマルクスです（図46）。彼が生きた時代は第一次産業革命（1830年代）のまっただ中でした。その世界は著書『資本論』にこう記されています。

「12歳から15歳までの5人の少年を金曜日の朝6時から翌日の土曜午後4時まで、食事時間および深夜1時間の睡眠時間以外にはまったく休息を与えずに働き続けさせた」（『資本論第一巻上』マルクス著、今村仁司・三島憲一・鈴木直訳、筑摩書房、2009、p354）

「彼らの手足はやせ細り、体躯《たいく》は縮み、顔の表情は鈍磨し、その人格はまったく石のような無感覚の中で硬直し、見るも無残な様相を呈している」（前掲書、p357）

マルクスが変えようとした世界はこういう現実です。世界を変えるためには、なぜこんなことになってしまったのか、原因を突き止めなければなりません。つまり、歴史を紐解かなければなりません。

優しいだけの人たち

マルクスが登場する前、すでにこうした状況に疑問を持ち、行動を起こした人々がいます。マルクスによって「空想的社会主義者」と呼ばれた人々、イギリスのロバート・オーウェンを代表とする社会主義の先駆者たちです。

オーウェンは、労働者が非人間的扱いを受けていることに憤り、アメリカに自ら工場を立ち上げます。そこでの労働者は人間的に扱われ、彼らの福祉や教育にも考慮した経営がなされていました。けれども、それではオーウェンの工場で働く労働者は救われても、社会全体は変わりません。マルクスはそれでは根本的な解決に

図46：マルクス

はならないと考えました。盟友エンゲルス（図47）はこのような「空想的社会主義者」について次のように指摘します。

「労働者階級の搾取をいかに猛烈に非難しても、搾取がどこに存在するのか、それはいかにして発生するのかを明瞭に説明することはますますできなかった」（『空想より科学へ』エンゲルス著、大内兵衛訳、岩波文庫、p61）

図47：エンゲルス

問題を歴史的に、構造的に分析して解決策を提示しなければ何にもならず、オーウェンはただ「優しいだけ」というわけです。マルクスは問題の所在を追究します。

世界をどう理解し、どう変えるべきか

マルクスは20代を「世界を理解すること」に捧げます。いったい、なぜこんなことになってしまったのか。

世界を変えるためには、過去から現在を明らかにし、世界の成り立ちを理解しなければなりません。そして、歴史の発展には必ず法則があるはずで、それが明らかになれば「どう変える

べきか」というより「どうならざるをえないか」が見えてくるはずです。20代のマルクスは考え、2歳年下のエンゲルスも考えます。幾度も話し合いを重ね、2人は考えを次のように一致させていきました。

◎歴史はモノを中心に動いている（唯物論）

◎歴史はモノを中心とした二つの階級の対立によって発展する（弁証法的発展）

「今日までのあらゆる社会の歴史は、階級闘争の歴史である」（『共産党宣言』マルクス・エンゲルス著、大内兵衛・向坂逸郎訳、岩波文庫、p40）

2人がたどり着いた歴史観です。歴史は常に生産関係の対立によって発展している。古代の主人と奴隷、中世の領主と農奴、近世の貴族と市民のように……そして今はどうだろう！　近代には資本家と労働者がいる！　市民が貴族を革命で倒したように、労働者は資本家を革命によって打倒しなければならない！

彼らの答えは革命による権力奪回でした。これらの考えをまとめたのが『共産党宣言』です。マルクスがまだ29歳の時でした。

ヨーロッパの幽霊

『共産党宣言』はマルクスの率いるグループの党綱領として発表されます。文章は次のような不気味な書き出しではじまります。

「ヨーロッパに幽霊が出る──共産主義という幽霊である。ふるいヨーロッパのすべての強国は、この幽霊を退治しようとして神聖な同盟を結んでいる」（『共産党宣言』マルクス／エンゲルス著、大内兵衛・向坂逸郎訳、岩波文庫、p39）

マルクスは不穏な調子で書きはじめ、敵を明確にしていきます。そして、以下のように続けました。

「大工業の発展とともに、ブルジョワ階級の足もとから、かれらに生産させ、また生産物を取得させていた土台そのものが取り去られる。彼らは何よりも、彼ら自身の墓掘り人を生産する。かれらの没落とプロレタリア階級の勝利は、ともに不可避である」（前掲書、p60〜61）

マルクスは労働者の勝利を確信し、こう締めくくります。

「共産主義者は、これまでのいっさいの社会秩序を強力的に転覆することによってのみ自己の目的が達成されることを公然と宣言する。支配階級よ、共産主義革命のまえにおののくがいい。プロレタリアは、革命においてくさりのほか失うべきものをもたない。かれらが獲得するもの

は世界である」（前掲書、p97〜98）

「万国のプロレタリア団結せよ！」（前掲書、p98）

マルクスのエントリーシート

マルクスは、若干29歳にして『共産党宣言』という一つの結論に到達しました。彼はまだ学生の時代、仕事についての論文『職業の選択にさいしての一青年の考察』を書き上げています。ぜひとも大学生には読んでいただきたい論文です。彼は、以下のような結論を導いています。

「神は、人間に最もふさわしい、そして人間が人間自身と社会とを最もよく高めることができるような立場を社会のなかでえらぶことを人間にゆだねたのである。……（中略）この選択を真剣に考量することは、人生行路を歩み始めて、自己の最も重要な事柄を偶然にゆだねようとは思わない青年の第一の義務であることは疑いない」（『マルクス・エンゲルス全集』40巻、p515）

「地位の選択にさいしてわれわれを導いてくれなければならぬ主要な導き手は、人類の幸福であり、われわれ自身の完成である。これら両方の利害がたがいに絶対的にたたかいあうことになって、一方が他方をほろぼさなければならないなどと思ってはならない。そうではなくて、人間の本性というものは、彼が自分と同時代の人々の完成のため、その人々の幸福のために働くときにのみ、自己の完成を達成しうるようにできているのである」（前掲書、p519）

おそるべき洞察力です。もちろんマルクスも、弁護士や教職、詩人など、若者らしく自分の職業について挑戦と挫折を繰り返しています。しかし、「自己の完成」「同時代の人々の完成」が念頭にあった、そして追求した末に『共産党宣言』に至ったというのは驚くべきことです。

過激な人にはガス抜きを

マルクスらはインターナショナルという国際組織を創設し、各国社会主義革命の司令塔として機能させていきました。各国でも、社会主義の政党・団体は続々と組織されます。社会主義組織の中には、革命を標榜する過激な組織の他に、労働者の社会保障を充実させようとする穏健な組織や、労働者の直接行動（ストライキやサボタージュ）を重視する組織もありました。各国政府が警戒したのは、やはりマルクス主義の政党や団体です。

弱者のために強者を倒す、という正義感に溢れるマルクスの理論は多くの人を魅了します。特に、理想的で純粋にものごとを考える若者は心酔したに違いありません。しかし、難点もありました。それは「モチベーションの維持が難しい」ということでした。革命というのは、その達成に長い時間と多くの労力を必要とします。しかも、実際に労働者の生活が改善されてしまえば、存在意義を失ってしまいます。そうしたことから、マルクス主義者は、革命を目指すよりも労働者の社会保障を充実させようとする方向に流れてしまう弱点を持っていました。

各国政府は、マルクス主義者への対応策としてそこを突きます。政府は、社会政策の充実によって社会主義者の不満をうまくガス抜きしながら、帝国主義政策を推進していくことになります。

では、いよいよアジアにも目を向けましょう。ヨーロッパの侵略を受けたアジアでは何が起こり、各国はどのように抵抗したのでしょうか。

第16幕　世界分割（インド・中国を中心に）――のみ込まれるアジア

抵抗するアジア

ヨーロッパは侵略し、アジアは抵抗します。19世紀後半の世界分割（帝国主義時代）のキーワードは侵略と抵抗です。侵略の構造はすでに明らかにしました。ここではアジア各地で見られた抵抗について、インドと中国を中心に追っていこうと思います。

抵抗は、一定の順序で行われます。最初は「反乱」です。しかし、そもそも圧倒的な軍事力で征服されたわけですから、当然ながら鎮圧されてしまいます。次は「改革」です。それもまずは「軍事改革」です。決定的な軍事力の差を見せつけられたのですから、軍隊の改革からと考えるのは無理もありません。しかし、ヨーロッパとアジアの差はそんな表面的なものではありません。両者の間には政治、経済、社会、文化、すべての面において差があります。そこに気づいた国々では、より根本的な「政治改革」に乗り出します。近代政治、つまり議会政治と立憲政治を行うべく、議会の開設と憲法の制定を目指していくのです。

各地の抵抗もむなしく、この時代、欧米に征服されなかった国はわずか。ほとんどの地域で、古い体制とヨーロッパのもたらした新しい体制の狭間で軋轢が生まれました。

のみ込まれるインド

19世紀後半、インドはイギリスの植民地下に置かれます。イスラームのムガル帝国は滅ぼされ、インドはイギリスの直接統治を受けることになります。イギリスの統治は実に巧みでいやらしいものでした。

◎ヒンドゥー教徒とイスラーム教徒に分割して統治

イギリスへの反発を回避するため、二つの宗教集団を分断、待遇に差を設けることで、両者を対立させる分割統治。

この分割統治は、政治の得意な古代ローマ人も採用した手法で、被支配者の支配者への反発を回避させる方法です。これはインド人同士の対立を生み、遺恨を残すものとなります。ガンディーの登場で、ヒンドゥー教徒とイスラーム教徒は一時的に手を組みますが、結局は決裂し、第二次世界大戦後にヒンドゥー教徒はインドに、イスラーム教徒はパキスタンに分離独立します。そして現在では印パは犬猿の仲となっています。

立ち向かう林則徐

イギリスは中国へも進出します。イギリスは中国清朝に自由貿易を求めますが、中華思想の伝統を貫く清朝には認められず、毛織物や綿織物は思うように売れませんでした。そこで、先述のインドで生産されたアヘンを中国へと輸出することで利益を上げていきました。

中国にはアヘンが蔓延《まんえん》し清朝は頭を抱えます。アヘンは麻薬です。生活に喘《あえ》ぐ貧困層が麻薬に手を出すなら情状酌量の余地もあるかもしれませんが、清朝では官僚や兵士にも麻薬中毒者が激増していきました。それは、国自体が麻薬中毒になっているということを意味します。

この問題の解決を命じられたのが林《りん》則徐《そくじょ》です（図48）。清朝内部では、アヘン対策について弛緩策か厳禁策かで意

図48：林則徐

見が割れていましたが、麻薬のようなタイプの問題は「ダメ。ゼッタイ。」で対応すべきでしょう。林則徐は厳禁策をもって徹底的にアヘンを取り締まりました。中国人のアヘンはすべて没収、民衆の目の前で次々と海へ投棄します。没収した麻薬で一儲けするのではと見ていた人々の度肝を抜いたのです。林則徐は、さらに外国人の商品としてのアヘンも没収、今後二度と中国にアヘンを持ち込まない旨を約束させました。彼を遠巻きに見ていた外国商人もこの徹底した措置に驚かされます。

しかし、彼の強硬な姿勢は、イギリスが清朝に干渉する口実を与えてしまう結果となってしまいました。イギリスは自由貿易を実現するため、戦争を仕掛けます。アヘン戦争です（1840～1842年）。

イギリスは近代的な軍事力によって力づくで各地を占領。力の差は歴然としていました。イギリスが東シナ海に出港させたのはスクリューで動く鉄甲艦でした。対する清朝は風で動く帆船です。あわてて清朝は講和を求めます。道光帝は原因となった林則徐を解任し、地方に追放してしまいます。南京条約が結ばれ、対等国交の原則や開港場を増加させることなどに同意し、自由貿易を認めさせられます。香港が割譲されたのもこの時でした。

それにしても、清朝も林則徐を解任するとは愚かな決定を下したものです。この時の清朝には、彼ほど救国の士といえる人物はいません。ここには歴史上よく見られる悲劇があるように思います。

憂国の士

どんなに繁栄した国家も衰退を免れません。これは歴史の理、一つとして例外はありません。そして、そのように衰退する国家には同じような症状を確認することができます。

組織は人の集まりです。組織の質が低下している時は人の質が低下している時です。そのわかりやすい例として「個人が保身に走る」ということが挙げられます。個人が組織全体のことを考えず、自分のことしか考えなくなるのです。

しかし、そうした組織にも、なんとかそれを立て直そうとする人物は出てくるものです。けれども、悲しいかな、そういった人物は周りの人々の質が低下しているため評価されません。組織内でどんなに正しいことを叫ぼうとも白い目で見られるのです。やがてそのような人物は歴史の変化の中で散っていきます。林則徐などはその代表的人物といえるでしょう。私はこういう人物を〝憂国の士〟と呼んでいますが、できるだけこうした人物に焦点をあてて、評価していきたいものです。

日本も衰退が指摘されはじめて久しいですが、もしかしたら〝憂国の士〟は出てくるかもしれません。否、すでに出てきていたのかもしれません。そして、私たちはそういった人物を白眼視していたのかもしれないのです。

崩壊する中華世界

中国清朝はアヘン戦争とそれに続くアロー戦争によって欧米の政治的、経済的秩序に組み込まれ、国家の立て直しを迫られます。

東アジアは伝統的な中華世界です。この秩序は、ヨーロッパ諸国によって崩されていきます。政治的には、中国と周辺諸国との間で形式上の君臣関係が築かれた世界です（冊封《さくほう》体制）。中国の子分No．2はベトナム、No．1は朝鮮でしょう。しかし、ベトナムを清仏戦争で失い、朝鮮を日清戦争で失います。中国は東アジアの親分としての立場を否定され、子分たちは列強の子分にされてしまいます。経済的には、中華世界は中国と周辺諸国とで朝貢形式の交易を行う世界です（朝貢貿易）。これはすでにアヘン戦争で崩されました。帝国主義時代というのは、ヨーロッパ流の秩序が全世界に広げられていく過程であり、言い換えれば各地の世界秩序が崩壊していく過程と見ることができます。

さて、19世紀後半の清仏戦争と日清戦争での敗北は大きな転換点となります。すでに進めていた「軍事改革」である洋務運動の失敗が明らかになります。軍隊の改革であるのに戦争に負ければ失敗といわざるを得ません。そして、特に日清戦争での敗北は清朝の弱体を露呈しました。フランスに負けるのはわかりますが、アジアの日本にまで負けたとなると話は変わります。

それまで清朝を〝眠れる獅子〟として警戒していたその他のヨーロッパ諸国も、本格的に侵略へと乗り出してきたのです。

清朝は土地や鉄道の敷設権、鉱山の採掘権など、多くの利権を奪われていきます。無論、中国側の抵抗も激しくなり、上では近代政治を目指す変法自強運動と呼ばれる「政治改革」が行われ、下では義和団という秘密結社による「反乱」が起こります。しかし、改革は保守勢力の抵抗で失敗に終わり、反乱も欧米8か国の共同出兵により鎮圧されてしまいます。結局、中国は半植民地化されることになります。

一方で、極東の日本は、近代化を成功させ、長年の中国との力関係を日清戦争で覆して力をつけていました。やがて、日露戦争にも勝利して欧米列強の一員となっていきます。では、ここで我が国日本の動きを見てみましょう。

日本の夜明け

1853年。日本の浦賀に4隻の黒船が来航し、日本は長い眠りから揺り起こされます。以降、日本も主権国家体制、自由貿易体制、つまりは欧米の政治的、経済的秩序に組み込まれてしまいます。

日本という国は、外から思想を取り入れ、日本式にして定着させて発展してきた国です。そのほとんどが中国から入ってきた文字や宗教などの文化、律令体制などの政治体制ですが、欧米から入ってきた「近代」もうまく取り入れます。江戸幕府は大政奉還によって倒れ、新たに明治政府がつくられます。やがて帝国議会が設置され（議会政治）、大日本帝国憲法も制定されます（立憲政治）。

さらに、日本は欧米にならって対外進出も進めます。標的としたのは朝鮮でした。弱いものがさらに弱いものを叩くというわけです。しかし、伝統的に中国の子分であった朝鮮に手をつけることを中国は許しません。そこで生じたのが日清戦争です（1894年）。日本は中国を打倒し、朝鮮侵略の優先権を確保します。ところが、コトはそう簡単ではありません。日本はさらなる大国を相手にしなければならなかったのです。それは極東への進出を狙うロシアでした。1904年、日露戦争が勃発します。

脱亜

日本は旅順攻囲戦や日本海海戦で辛くも大国ロシアを撃破します。旅順攻囲戦では乃木将軍が203高地を攻め、日本海海戦では東郷平八郎がロシアのバルチック艦隊を鮮やかに破って勝利します。当時、ロシアでは第一次ロシア革命が起きていました。これは、開戦とともにロシアに送り込まれた明石元二郎による内応工作の成果もあったようです。日本は革命を起こさせ、内から崩したわけです（歴史の見方③）。こうして、ヨーロッパとアジアの戦いは日本の劇的な勝利によって幕を閉じました。

日露戦争での日本の勝利は全世界に伝わり、衝撃を与えました。帝国主義時代は欧米がアジアを駆逐していく時代です。そんな中でアジアの日本が一矢報いたのですから、その影響は計り知れません。この勝利はアジア各国に希望をもたらし、抵抗を活性化させました。西アジアでは青年トルコ革命とイラン立憲革命が起こります。さらにインドでは国民会議のカルカッタ大会が開催され、独立への意欲を高めていきます。ベトナムでも日本に学ぶための留学運動が起こります。中国では、孫文が革命結社である中国同盟会を東京で結成しました。日本はアジアの希望の星だったのです。

日本の立場は、アジアの頂点、欧米の底辺、といったところでしょう。ここで日本には世界の中でどう動くべきかが突きつけられます。孫文は日露戦争後の日本について、次のように述べました。

「今後日本が世界文化の前途に対し、西洋覇道の鷹犬《たかいぬ》となるか、或は東洋王道の干城《かんじょう》となるか」

（『孫文・講演「大アジア主義」資料集』陳徳仁・安井三吉編、法律文化社、1989）

日本はいわゆる脱アジアを選択します（脱亜論）。「我が国は隣国の開明を待ちて共に亜細亜を興すの猶予あるべからず。寧ろその伍を脱して西洋の文明国と進退を共にし……」（『時事新報』1885・3・16の社説）とは福沢諭吉の言葉です。日本はアジアを脱して帝国主義の道を選んだのです。

日露戦争勝利後、日本は帝国主義諸国の仲間入りを果たします。そして、１９１０年、日本はアジアが崩壊していく中で韓国を併合しました。

中国の迷走1——辛亥革命

半植民地化した中国では、新しい動きが起こります。孫文たちによる辛亥《しんがい》革命に向かう動きです（図49）。清朝政府に新しい体制を生み出す力はありません。そこで、中国各地で革命結社が組織されていきました。日露戦争の勝利に触発された孫文は、東京で革命組織を集結させて中国同盟会を結成、共和国の樹立を目標とします。孫文は日本の勝利を興奮をもって次のように述べました。

「ヨーロッパに対してアジア民族が勝利したのは最近数百年の間にこれがはじめてでした。この戦

図49：孫文

図50：袁世凱

争の影響がすぐ全アジアにつたわりますとアジアの全民族は、大きな驚きと喜びを感じ、とても大きな希望を抱いたのであります」（前掲書）

中国同盟会の結成から6年後、革命に火がつきます。欧米に次々と利権を奪われる清朝に対し、中国の資本家たち富裕層が暴動を起こしたのです（四川暴動）。さらに鎮圧を命じられた清朝の軍隊も逆に清朝に対して挙兵します（武昌挙兵）。

この動きに対して、孫文は南京で中華民国の建国を宣言してアジア初の共和国を樹立、臨時大総統の地位に就任します。中国は2000年以上もの間、君主政を続けてきたわけですが、君主のいない共和政となったのです。

清朝はこれを弾圧すべく、袁世凱《えんせいがい》を指導者とする新たな軍を派遣しました（図50）。袁世凱は鎮圧の命に従う一方で、満州人の支配する清朝にかわり、漢民族の王朝樹立を目論んでいました。ここに孫文と袁世凱の利害が清朝打倒で一致、両者の間で密約が結ばれます。孫文たちは軍事力不足に陥っていたため、袁世凱の軍隊とともに革命を進めようとしたのです。しかし、この判断は孫文の甘さと愚かさを露呈することになりました。

中国の迷走2——孫文の過ち

そもそも孫文と袁世凱は、清朝打倒という前提は共有していても、最終目標は異なります。彼らの結束は清朝の打倒に結実しました（辛亥革命）。しかし、革命後、袁世凱は孫文を裏切り中華民国を乗っ取ってしまいます。彼の目標は漢人王朝樹立ですから、孫文たちとその後の行動をともにする気がなかったのです。さて、なぜこんなことになってしまったのでしょうか。なぜ孫文は袁世凱ごとき愚物の手玉にとられてしまったのでしょうか。

孫文は中国の歴史を正しく理解していなかったのです。というのは、中国の歴代の王朝は、常に農民反乱によって打倒されてきました。中国という国を支えるのは農民たちで、国の政治が悪くなれば必ず農民たちが立ち上がります。秦は陳勝・呉広の乱、漢は黄巾の乱、唐は黄巣の乱、元は紅巾の乱、明は李自成の乱、いずれも農民たちの怒りによって王朝は倒されてきました。孫文が袁世凱と組まざるを得なかった理由は軍事力不足です。軍事力が不足しているということは、王朝打倒に不可欠な貧困層の怒りがまだ爆発していないことを意味します。つまり、革命を起こすにはまだ早いのです。辛亥革命の主導者は誰でしょうか？　辛亥革命の担い手は中国の資本家たち、富裕層です。かつて中国で富裕層の反乱で王朝が打倒されたことはただの一度もありません。

孫文は革命のやり直しを余儀なくされ、新たに中華革命党という革命結社を結成します。ちなみに、これは秘密結社です。まだ孫文はわかっていないようです。中国での革命は貧困層を巻き込んだ形でなければなりません。秘密結社では不可能なのです。辛亥革命がなぜ失敗したのか、その原因を正しく分析していない、反省していないということがわかります。これをのちの毛沢東と比べれば、人物としての差が浮き彫りになるでしょう。毛沢東は、現在の中国をつくりあげるにあたって、まず行ったのは紅軍と呼ばれる農民軍の創設などでした。彼は中国の歴史を熟知していたのでしょう。

中国という国をつくり直すため、中国は迷走を続けます。中華民国政府の袁世凱はやがてこの世を去り、政府は分裂状態となります。孫文は間違った方向での中国再建を進めています。崩された中華世界を立て直すにはまだまだ時間がかかります。

世界の一体化

さて、ここで「世界の一体化」について理解してから世界大戦へと進めます。世界史を学ぶということは、世界の一体化の流れについて学ぶということを意味します。つまりはグローバル化です。現代では、世界は一つとなり、どこかで何かが起こればたちまち全世界に影響を与えます。しかし、昔はそうではありませんでした。

人類の歴史は、世界に点々と文明が生まれることではじまりました。歴史は各地域で独立して営まれていたのです。しかし、時代が進むにつれて次第に地域と地域が関係を持つようになります。前近代でいえば、7世紀頃までは絹の道（シルクロード）が中国とインドやペルシアをつなぎ、12世紀には海の道を使用したイスラーム商人がヨーロッパとアジアとをつなぐ形で活躍しました。13世紀にはモンゴルがユーラシア大陸を征服することで東西交流が活発化します。そして、近代に入ると世界の一体化の中心はヨーロッパ人の手に移ります。大航海時代（15～17世紀）には、ヨーロッパが世界へ進出して「近代世界システム」を構築しました。この帝国主義時代（19世紀）には（図51）、2回の産業革命で生み出された技術、すなわち交通革命や情報革命によって、世界は大規模に一体化していきます。

　帝国主義時代は侵略と抵抗の時代です。実はここにも運輸と通信の技術革新は関わっています。運輸においてはヨーロッパと植民地の時間的距離を縮め、物資や兵力の大量輸送を可能にしました（侵略）。一方で、アジアの指導者たちは、発達した交通網を利用して先進国に留学、進んだ思想を吸収して祖国の独立運動に活かしていきました（抵抗）。通信においては、ヨーロッパに植民地の情報が迅速に伝えられ、

図51：列強の世界分割（グレー部分が列強の支配地域）

反乱の鎮圧に役立ちました（侵略）。他方、日露戦争の日本の勝利は、通信技術の発達によって各地に伝えられ、アジアの独立運動の活性化に大きな影響を与えました（抵抗）。この時代の「世界の一体化」は交通革命と情報革命に支えられ、その中で侵略と抵抗は行われたといえます。

そんな「世界の一体化」の中で、欧米列強は戦争を引き起こします。したがって、その戦争は「世界大戦」となり、これまでの戦争とは比較にならないほどの甚大な被害を世界にもたらすことになるのです。

第5章　近代Ⅲ　戦争と平和
――ヨーロッパの時代からアメリカの時代へ

本章の内容

近代Ⅲは「戦争と平和」の時代です。二度にわたる世界大戦はヨーロッパの自滅を招き、「ヨーロッパの時代」を終焉へと追いやりました。ヨーロッパが没落すると、抑えられていたアジアは独立に向かって立ち上がっていきます。アジアも国民国家として独立を実現していくのです。その一方で、二つの大戦はアメリカの台頭を促し「アメリカの時代」を到来させることになります。

◉近代

二つの世界大戦によってヨーロッパは没落。アジアとアメリカが台頭。

近代Ⅰ＝自由と平等　ヨーロッパの完成

近代Ⅱ＝侵略と抵抗　ヨーロッパの時代

近代Ⅲ＝戦争と平和　ヨーロッパの時代からアメリカの時代へ

第17幕 第一次世界大戦とロシア革命―大量殺戮のはじまり

第一次世界大戦に至る国際関係―対立関係の変化

19世紀末、大陸のほとんどは欧米によって分割され、世界は白人の秩序によって覆われていました。そして、各地で列強の熾烈な植民地獲得競争が展開され、アフリカや東南アジアでは英仏対立、バルカン半島や中央アジアでは英露対立がありました（図52）。それでも、ビスマルクが調停に奔走することで決定的な衝突は回避されていました。

歴史が第一次世界大戦へと動きはじめたのは１８９０年でした。ドイツのビスマルクが辞任、ドイツは彼に代わってヴィルヘルム2世が舵を取ることになったのです。ビスマルクとは異なり、ヴィルヘルム2世は対外積極策を推進していきました。英仏露はドイツへの警戒を強めます。3国はドイツを共通の敵として三国協商と呼ばれる協力関係に至ります（図52）。ただし、そのためには、この時代の基本構造だっ

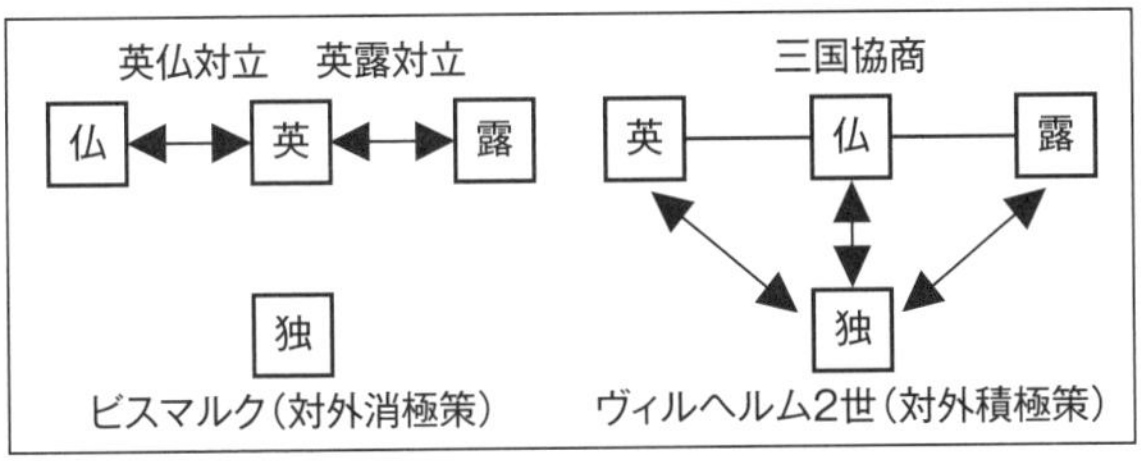

図52：第一次世界大戦前の対立の変化

た英仏対立と英露対立が解消される必要があります。戦争に至るまでの24年間に何が起きたのでしょうか。

英仏対立は、共通の敵ドイツを持つことで解消されました（1904年英仏協商）。では英露対立はどうか、これは伝統的な対立ですからそう簡単には変わりません。実は、ここにも日露戦争の影響がありました（1905年終結）。日露戦争での日本の勝利は、ロシアの弱体を露呈させ、ロシアに対するイギリスの警戒心を解かせることになったのです。イギリスは、むしろ対外積極策に転じたドイツに危機感を抱くようになりました。そこで、20世紀初頭、イギリスはロシアとの長年の対立を解消させ、共通の敵をドイツに定め、協調関係に至りました（1907年英露協商）。日露戦争での日本の勝利は、アジアの民族運動を活性化させ、ヨーロッパの伝統的な対立に終止符を打たせた、つまり全世界に影響を与えるほどの威力を持ったのです。

さて、まだ第一次世界大戦は起こりません。サライェヴォの銃声を理解するには、もう一度バルカン半島へ目を向ける必要があります。

第一次世界大戦に至る国際関係―バルカン半島での対立

対立関係の変化はバルカン半島にも影響を与え、東方問題の英露対立も解消されることになりました。しかし、ロシアにはまだ敵がいます。一つはオーストリアです。オーストリアは東方問題でも抗議していたように、バルカン半島でのスラヴ人の独立を認めず、むしろ支配下に置こうとします。そんなオーストリアに特に反発していたスラヴ人国家がセルビアでした。二つ目のロシアの敵が、新たに対外積極策に転じたドイツです。ドイツの進出の矛先はバルカン半島にも向いていました。この独墺のバルカン半島への政策をパン・ゲルマン主義といい、伝統的なロシアのバルカン半島へのスラヴ人支援政策はパン・スラヴ主義といいます（図53）。バルカン半島の対立は、パン・スラブとパン・ゲルマンの対立に変わっていたわけです。

対立を総合すると、第一次世界大戦の対立関係は次のようになります。

◎同盟国（敗戦国）　ドイツ・オーストリア・トルコ・ブルガリア

◎協商国（戦勝国）　イギリス・フランス・ロシア、その他セルビア・日本・アメリカ等

※ロシアは途中離脱、アメリカは途中参戦。

協商国側は対独包囲網の英仏露が中心、同盟国側は包囲されるドイツ、そしてドイツと結びつきの強いオーストリアが中心です。

このバランスは、わずか19歳の青年が引き起こした暗殺事件で崩れ去ることになりました。サライェヴォ事件です。

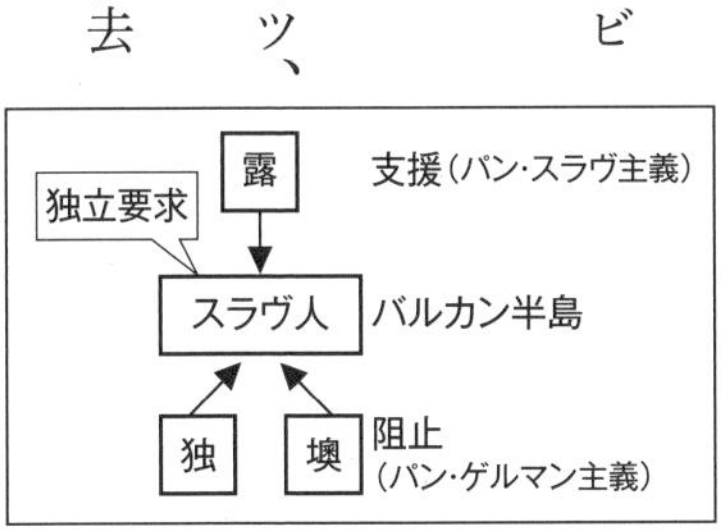

図53：バルカンでの対立の変化

「クリスマスまでには帰れる」

1914年6月28日。オーストリアの皇太子夫妻が、ボスニアの首都であるサライェヴォを訪問した際に、セルビア人青年プリンチップにより暗殺される事件が起こります。オーストリアがスラヴ人の独立を許さないことに反発したのです。こうして〝ヨーロッパの火薬庫〞と呼ばれたバルカンの均衡は暴発によって崩壊、ドイツはオーストリアを支援し（パン・ゲルマン主義）、ロシアは同じスラヴ人としてセルビアを支援します（パン・スラヴ主義）。その他の国々もそれぞれの立場に立って参戦し、第一次世界大戦が勃発しました。

ドイツは露仏を敵に回せば挟み撃ちの状況に陥ることは必至です。皇帝ヴィルヘルム2世はそれでも勝てると踏んでいたわけですが、その見通しはいかなるものだったのでしょうか。

ドイツの作戦は「シュリーフェン計画」といいます。簡単にいえば短期決戦です。ドイツは次のように考えました。ロシアは後進国であるため戦争準備が遅れるだろう、そして地理的にも離れているため到着も遅れるだろう。そこで、ロシアが到着する前にフランスを短期で打倒、振り向きざまに遅れてやってくるロシアを撃退すればよい、そうすれば事実上挟み撃ちにはならない、と。戦争はすぐに終わる、戦争は8月にはじまりクリスマスまでには終わる、ドイツ兵たちは戦争をこのように楽観的にとらえていたのです。

しかし、いざ戦争がはじまると予想とはまったく異なる展開となりました。ドイツ軍がフランスに攻め込む前に、ロシア軍は到着し、東部戦線が形成されます（タンネンベルクの戦い）。そしてドイツ軍はフランス軍を西部戦線において打倒することはできませんでした（マルヌの戦い）。ロシアの到着は予想に反して早く、かつフランスを一撃で降伏させることはできなかったわけです。すべての計画がここで崩れ去りました（図54）。

戦争は、ドイツの予想に反して、長期化の様相を見せることになります。しかし、ドイツに限らず、協商国側でも世界大戦の性格を正しく見抜いていた指導者は誰もいませんでした。

総力戦

戦場で兵士を待っていたのは意外な武器でした。

図54：東部戦線について討議するドイツ軍参謀

一分間に何百発と撃ち出すことのできる新式の銃、すなわち機関銃です。兵士は昔ながらの騎兵隊による突撃ができなくなってしまいました。塹壕戦がはじまり（図55）、戦線は膠着状態に陥ってしまいます。

第一次世界大戦では、この長期化した戦争を打開するために次々と残虐兵器が開発され、戦争の被害を甚大なものにしました。ルネサンスより発展した科学の行き着いた先は、機械による人間の大量殺戮だったのです。まず、塹壕や鉄条網を破るための戦車が開発されました（図56）。これはイギリスが農業用トラクターにヒントを得て、動くシェルターとして開発したものです。さらに、ドイツは毒ガスを実戦で初めて使用します。飛行機も導入されて空中戦もはじまりました。

図55：塹壕戦

塹壕戦はにらみ合いです。無論、にらみ合いはにらみ続けた方の勝ちです。そこで後方支援が鍵を握ることになりました。第一次世界大戦は、全国民、全植民地人を動員する総力戦となったのです。それまでの戦争は、戦場で兵士（男性たち）が殺し合うことで勝敗が決まっていました。しかし、戦場の兵士はもはや勝敗を決することができません。総力戦では、戦場ではない国内の、兵士ではない民間人（女性たち）の後方支援で帰趨が決します（図57）。いかに銃後で戦争に必要な武器、弾薬、食糧などを生産し、前線へ補給し続けられるか、つまり国家の経済力、特に「生産力」がモノをいうようになったのです。

これは非常に大きな変化でした。というのは、総力戦では全国民が戦争に従属するため、国内の経済事情は逼迫します。「欲しがりません、勝つまでは」というのは、第一次世界大戦中のドイツで初めて使用された言葉です。また、後方

図56：第一次世界大戦で登場した新兵器

支援が勝敗を分ける以上、前線と銃後（戦場と国内）、兵士と民間人（男性と女性）の区別が消滅し、それは武器を持たない女性や子供も殺戮の対象となることを意味します。第一次世界大戦は、戦争の被害をこれまでとは比べものにならないほど悲惨なものにし、大量殺戮のはじまりとなったのです。

この総力戦は、戦中の内政や外交にも影響を与えました。内政においては、各国で挙国一致体制がとられます。「外に出るため内を固める」のです（歴史の見方③・④）。また、外交では秘密外交が横行します。総力戦は総力が大きい方が勝ちます。仲間は多ければ多いほどいいので、水面下での仲間づくりがはじまります。自陣営の結束強化、単独休戦の防止、自国植民地民衆の協力獲得、中立国の抱き込み、敵国領内の少数民族の反抗の支援などが進められます。多くは秘密条約であったため、二重外交となるケースが多く見られました。最も有名なものが、イギリスが中心となったフサイン・マクマホン協定とバルフォア宣言です。これは、イギリスがアラブ人とユダヤ人から協力を得るため、双方に協力の条件としてパレスチナ

図57：兵器工場で働く女性

での国家建設を約束したものです。これは矛盾しています。さらに、イギリスはサイクス・ピコ協定をも結んでおり、そこでは戦後のパレスチナの国際管理を取り決めているため、二重に矛盾していることになります。これが、現在において多くの人が耳にしているパレスチナ問題へと発展しているのです。

総力戦の余波

総力戦は戦争に全国民、全植民地人を動員します（図58）。ここには二つの意味があります。一つは彼らが「戦争に巻き込まれた」ということです。巻き込まれた人々の不満が爆発します。例えば、生産力の脆弱な国では「欲しがりません、勝つまでは」に耐えきれず暴動が起こります。それが、後述するロシア革命でありドイツ革命です。

もう一つは彼らが「戦争に協力した」ということです。国を守るという義務を果たしたわけですから、国を運営する権利を主張するのは至極当然です。戦後、女性は自らの正当な権利を要求、多くの国で女性の政治的権利（参政権）が認められ、社会進出がはじまります。同じように、植民地人も自治や独立といった権利を要求します。戦後、アジアの植民

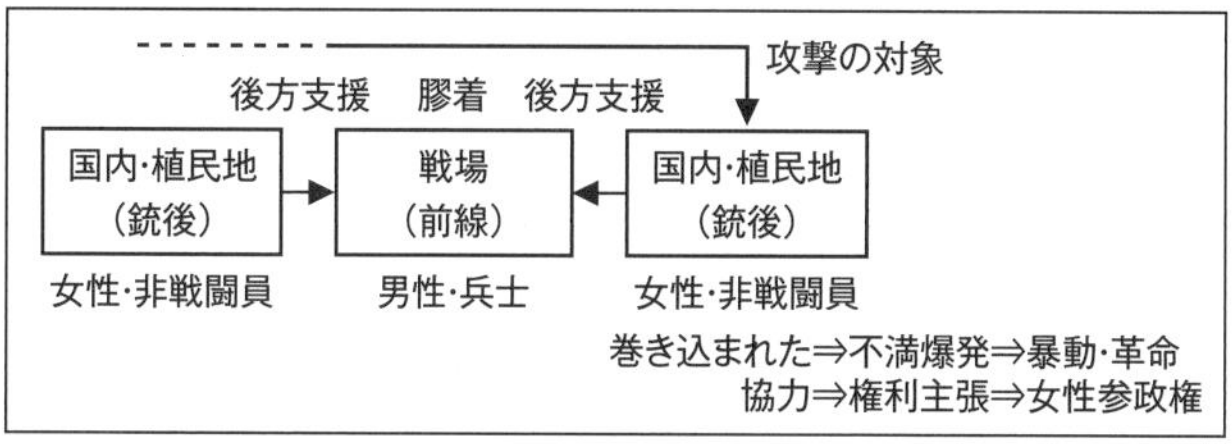

図58：総力戦

地では独立運動が活性化していくことになります。

日本の動き

日本も日英同盟にしたがって協商国側に立って参戦しました。日本は中国と太平洋方面のドイツ領を攻撃することで大戦に加わります。

大戦前、中国には列強の利権が錯綜していましたが、大戦がはじまると列強はヨーロッパ戦線に釘づけとなります。日本にとっては勢力拡大のまたとないチャンスだったわけです。イギリスは主戦場であるヨーロッパへの派兵を日本に要請しましたが、大隈重信内閣首相はこれを拒絶、日本は鬼の居ぬ間に東アジアでの勢力拡大に成功しました。

アメリカの参戦とロシア革命

1917年は第一次世界大戦の行く末を左右する重要な年となりました。アメリカが参戦し、一方で、ロシアが離脱したのです。

戦争の趨勢を決したのはアメリカの参戦でした。アメリカは、モンロー主義にしたがって初期は中立を維持、ヨーロッパの戦争には関わろうとしませんでした。かわりに、アメリカは戦争に必要な物資をヨーロッパに売ったり金を貸したりして、要はヨーロッパの兵器工場となって金儲けをしていました。戦後、アメリカは国力を飛躍的に増大させていくことになります。ところが、アメリカは中立の立場を一転させて参戦へと向かいます。英仏の対米負債を確実に回収するためには、英仏を勝たせなければなりません。アメリカの参戦で、連合国側は圧倒的優勢になります。アメリカは第二次産業革命以来、世界一の「生産力」を誇ったからです。

さて、同年、ロシアは大戦から離脱しました。アメリカとは対照的に、ロシアは経済基盤が脆弱であったため、総力戦に耐えることができず革命が勃発、戦争継続が困難となりました。発端となった暴動は、やはり国内にとどまっていた女性労働者たちによるデモ・ストライキでした。革命はレーニンによって指導され、300年間存続したロシア帝国（ロマノフ朝）は崩壊、皇帝ニコライ2世は家族とともに処刑されます。

ロシア革命は、史上初のマルクス主義革命となりました。レーニンは国内の反革命勢力（資本主義勢力）、国外の反革命諸国（資本主義諸国）の干渉を排除し、大戦後にはソヴィエト社会主義共和国連邦（ソ連）の建国を実現させました。これは史上初の社会主義国となり、第一次世界大戦後、あるいは第二次世界大戦後の世界に大きな影響を与えていくことになります。

さて、ロシアが離脱したものの、協商国はアメリカの参戦によって勝利を確定させました。陸海で同盟国を圧倒し、ブルガリア、トルコ、次いでオーストリアが降伏。ドイツでは、やはり総力戦への不満が爆発して革命が勃発（ドイツ革命）、新しく成立したドイツ共和国政府によって降伏が宣言され、5年間に及ぶ世界大戦は終結することになりました。戦没者の数は3700万人にものぼり、うち700万人は武器を持たない民間人でした。

第18幕　第一次世界大戦後の欧米（世界恐慌前）――平和の「現実」

大戦のもたらしたもの

戦争は、交戦国に必ず変化をもたらします。世界大戦は、文字通り世界を巻き込んだわけですから、世界を大きく変えてしまいます。戦後の世界には次のような結果がもたらされました。

◎ヨーロッパの没落とアジアの台頭
◎アメリカの台頭

この二つは、第一次世界大戦のみならず第二次世界大戦にもいえることです。二度にわたる世界大戦の舞台となり、総力戦で消耗したことによって「ヨーロッパの時代」は終わりを告げます。これに対して、ヨーロッパに抑えつけられていたアジアは独立に向かっていきます。アメリカは、世界大戦においては二度とも戦場にならず、そして初期は中立を維持し、経済的利益を得て国力を増大させていきました。第一次世界大戦後の20年代、第二次世界大戦後の50年代、アメリカは未曾有の繁栄を謳歌することになります。現代が「アメリカの時代」となっているのは、世界大戦での動きが大きな意味を持っているのです。なお、第一次世界大戦のみでいえば次のような変化が生じます。

◎日本の台頭

◎ソ連の建国（ロシア革命）

大戦中、日本は東アジアに勢力を拡大することに成功しました。もう一つ、戦中にロシア革命が起こり、戦後には史上初の社会主義国ソ連が誕生したことも重要です。こうした見取り図のもと、戦後の世界はどのように歩み、第二次世界大戦に至るのかを見ていくことにしましょう。二度目の悲劇は早くも20年後に控えています。

平和の「現実」

戦勝国である米英仏の3国は、敗戦国との講和条件について話し合うためパリ講和会議を開催しました（図59）。ここで米大統領ウィルソンは「勝利なき平和」という理想主義的な立場で、戦後の平和構想を提示します（十四か条の平和原則）。アメリカは大戦から損害を被っていないいため綺麗ごとを並べることができたのです。これに猛反発したのは仏クレマンソー首相でした。ヨーロッパ（特にフランス）は、大戦（特にドイツ）で多大な損害を被りました。しかも、フランスにはドイツに対して普仏戦争からの積もる恨みもあります。仏クレマンソーは現実主義的な立場から、ドイツを徹底的に押さえつけることを望みました。英ロイド・ジョージは両国を仲介しましたが、最終的にはフランスに同調することになります。若きウィルソンの平和の理想は、英仏の現実の前に挫折することになったわけです。

結局、ドイツを中心とした敗戦4か国（オーストリア、ブルガリア、トルコ）には厳しい講和条約が突きつけられました。ドイツとはヴェルサイユ条約が締結されま

図59：パリ講和会議の三巨頭と伊首相
左からロイドジョージ（英）、オルランド（伊）、クレマンソー（仏）、ウィルソン（米）

す。皆さんは、ドイツ統一の式典がヴェルサイユ宮殿鏡の間で行われたことを覚えていますでしょうか。フランスからすれば第一次世界大戦は普仏戦争の復讐戦です。講和条約はパリではなくあえてヴェルサイユ宮殿で調印し、フランスは皮肉たっぷりに雪辱を果たしたのです。

ドイツは多くの領土を割譲させられました。国土においてはアルザス・ロレーヌを中心に領土を奪われます。これも普仏戦争で奪われた土地をフランスが取り返した形です。さらに海外領土、つまり植民地もすべて放棄させられます。賠償金は１３２０億金マルクという大変な額（算出方法にもよりますが現在の価値に換算すると２００兆円程度）で、これも普仏戦争の50億フランに対する返礼でしょう。

しかし、条約締結後、第一次世界大戦の連合国軍総司令官フェルディナン・フォッシュは「これは平和などではない。たかだか20年の停戦にすぎない」としてその危うさを指摘しています。事実、戦勝国による抑圧は、ドイツに大きな不満を抱かせました。すべてのドイツ人が、祖国の敗戦への悔しさと屈辱的な条約に対するやり場のない憤りを感じていました。そして、その茫然自失の群衆の中にあのヒトラーもいたのです。

歴史の見方⑭　「ヨーロッパの平和」の問題3

第一次世界大戦によって、再び「ヨーロッパの平和」が問題となりました。ウィーン体制ではヨーロッパ諸国の「均衡」と「協調」によって平和の維持を図り、１００年もの間平和を維持することができました。しかし、それでも戦争は起きてしまいました。

これまでの「均衡」というシステムでは、一国が軍事力を増強すると敵国も必ず軍事力を増強することになり、無限の軍備拡大競争を生み出してしまいます。そこで新たな平和の原則として「共同体」の創設が試みられました。それがいわゆる集団安全保障機構である国際連盟です。これは大きな転換でした。

この原理は次の通りです。世界の国々が「戦争はしない」という共通の正義のもと、国際的な組織をつくります。もしこの共通の正義に違反すれば、全加盟国が違反国に制裁を加えます。加盟国は制裁を恐れて戦争をすることができなくなるわけです。

国際連盟を基礎とした第一次世界大戦後の体制を、ドイツとの講和の地名をとってヴェルサイユ体制といいます。

ヨーロッパの平和の原則は「共同体」

「均衡」「調和」に加え、集団安全保障機構としての「共同体」を組織した。

とはいえ、私たちは国際連盟が第二次世界大戦を食い止めることができなかったことを知っています。国際連盟には次のような多くの欠陥がありました。まず、実際には、ドイツへの厳しい制裁に見られるように、前提ともいえる「均衡」「協調」が実現しませんでした。「均衡」「協調」のない「共同体」として国際連盟はスタートしたのです。空虚な機関だったといえます。その後に「均衡」「協調」を求める動きはありましたが、整う間もなく世界恐慌が起きてしまいます。その他にも国際連盟には多くの矛盾がありました。それは次のようなものです。

◎大国の不参加

アメリカ・ドイツ・ソ連は不参加。これは平和維持機関としての意義を低下させた。アメリカは後述するように孤立主義が高まったからであり、敗戦国ドイツと社会主義国ソ連はヨーロッパで敬遠されていたため設立当初は加盟が許されなかった。

◎全会一致による決議方式

意思決定の遅延を招いた。

◎制裁手段の脆弱さ

経済制裁のみで軍事制裁の権限はなかった。

こうして、いくつもの疑問と不安が渦巻く中で、ヴェルサイユ体制の時代がはじまりました。

アメリカに抑え込まれる日本

さて、戦後の日本を待ち受けていたのは、アメリカによるお咎《とが》めでした。中国、太平洋方面については、ワシントンで会議が開催され、アメリカの主導で秩序の回復が目指されます。ここで、日本はアメリカによって厳しく抑え込まれました。中国に拡大した日本の権益については大きく譲歩させられ、軍備制限も課されます。アメリカによってつくられた秩序は日本に大きな不満を抱かせました。日本軍部の反発は軍国主義への転換点となり、アメリカとの対立を深めていくことになります。

疲弊するヨーロッパと独仏対立の再燃

戦争に懲りたヨーロッパ諸国は、国際的には協調に努め、国内では国力の回復を目指していきます。しかし、早くも独仏の間で対立が再燃してしまいます。

ドイツで問題となったのは１３２０億金マルクという巨額の賠償金でした。これは、ただでさえ敗戦の痛手によって経済が荒廃しているドイツには到底支払える額ではありません。しかし、フランスは容赦せず、支払いの遅延を理由にドイツの工業地帯であるルール地方の占領を強行しました。ドイツは借金で家を差し押えられたような形です。

ドイツの工業生産は停滞し、ハイパーインフレーションという経済的混乱を引き起こしました（図60）。これは本当に極端なインフレで、マルクの価値は1兆分の1まで落ち込みます。今でいえばペットボトル1本140兆円ということですから、リヤカーに札束を積んでジュースを買いに行くような感覚です。ドイツ経済は大混乱に陥ったわけです。

図60：ハイパーインフレーションで紙くず同然となった札束

ルール占領によって明らかになったことは二つあります。一つは、賠償金の支払いは非現実的であるということです。そこで、アメリカが新しい賠償案であるドーズ案を提示し、支払いの道筋をつけました。これによってフランスはルール地方から撤兵します。もう一つは、独仏はいまだに激しく対立しているということです。ヨーロッパ諸国は戦争などこりごりです。諸国はヒヤヒヤしながら独仏を見守っていたことでしょう。フランスのルール撤兵後、諸国は独仏に駆け寄り、平和を確認し合いました。さらに、いつまでもドイツを抑圧していては平和を維持できないだろうという意図から、ドイツの国際連盟加盟も決まります。諸国はあわてて協調に努めたのです。

賠償金問題は、のち1929年に358億金マルクに減額され、32年には30億金マルクに減額されました。しかし、これはドイツ国民の不満を吸い上げたヒトラーによって踏み倒されることになります。

アメリカは永遠に栄えるか――狂騒の20年代

戦中、アメリカは連合国の兵器工場となって巨利を収め、戦後は債務国から一躍債権国になりました。アメリカは〝狂騒の20年代〟と呼ばれる空前の繁栄を謳歌していくことになります。

アメリカでは、社会全体が裕福になり、大量生産・大量消費のシステムが浸透して大衆消費社会が到来しました。国民の間には、T型フォードなどの自動車（図61）、あるいはアイロン、洗濯機、冷蔵庫、ラジオといった電化製品が普及します。月賦販売（分割払い）方式の進展も、人々の購買力を向上させました。経済においては自由放任主義が信奉され、アメリカは「永遠に栄える」とされたのです。

経済が発展すると文化が発展します（歴史の見方①）。20年代アメリカでは大衆文化が盛んとなります。音楽ではジャズが流行し、トランペット奏者のルイ・アームストロングが一世を風靡、建築ではアール・デコ様式でクライスラー・ビルが建設されました。また、女性の社会進出も進み、〝フラッパー〟と呼ばれた女性たちが自由を謳歌します（図62）。ヘアスタイルはショートボブ、真っ赤な口紅、直線的なラインのドレスをまとい、街頭に華やかさをもたらしました。大衆娯楽も人気を博します。野球ではベーブ・ルースがホームランを打ちまくり、ボクシングではデンプシーが圧倒的な強さを誇り、それらはラジオで大衆の間に中継されました。

このように、20年代のアメリカは映画『華麗なるギャツビー』さながらのゴージャスな時代でした。ヨーロッパとは大きく異なります。このコントラストはアメリカ人を傲慢に

図61：T型フォード

させました。繁栄するアメリカは没落するヨーロッパなどとは関わるべきではないとして、孤立主義を延長した排他主義に向かったのです。

政治においては、ハーディング、クーリッジ、フーヴァーの3人の大統領が孤立主義外交を展開します。ウィルソン大統領が国際連盟の設立を呼び掛けたにも関わらず、提唱国であるアメリカがこれに参加しなかったのは、こうした声が背景にありました。またアメリカ人こそが最も優秀な民族であるという風潮も生まれ、アメリカ人の模範はWASP（ホワイト、アングロ・サクソン、プロテスタント）とされました。移民法が制定され、アメリカへの移住を制限し、KKKなどの人種差別組織も猛威をふるいます。さらに、アメリカ人は酒をも捨てます（禁酒法）。高尚なアメリカ人は、酔っ払って醜態をさらすわけにはいかないのです。しかし、人間が働く生き物である限り酒がなくなることはないでしょう。そこで、アル・カポネといったギャングが闇社会で密造酒を取り引きするようになり、莫大な利益と権力を手にすることになります。そし

図62：フラッパー・スタイルの女性

て、映画『アンタッチャブル』にも見られるように、禁酒法を制定した政治家や取り締まりにあたる警察官までもが、アルコールを通じてギャングと癒着するというお粗末な事態になってしまいます。

しかし、いつまでも繁栄が続くなんてことはありえません（歴史の見方⑥）。このアメリカの乱痴気騒ぎも、１９２９年の世界恐慌によって一気に静まり返り、「永遠に栄える」とされたアメリカの繁栄は、わずか10年間というひと時の思い出となります。

第19幕　第一次世界大戦後のアジア──復活への指導者たち

ガンディーの非暴力・不服従運動

戦間期、ヨーロッパの没落をとらえて、アジアには指導者たちが次々に登場、独立運動を活性化させます。

大戦中、イギリスは総力戦の観点からインドに協力を要請します。交換条件は「戦後の自治」でした。インド人はメソポタミア戦線に参加し、インドの未来のために40万人が戦場に倒れました。しかし、イギリスは40万人の死などは一瞥するのみでこの約束を守りませんでした。すべてのインド人が屈辱を感じ、悲嘆にくれ、あるいは激昂《げきこう》していく中で登場したのが〝偉大なる魂〟と呼ばれたガンディーです。

ガンディーは若くしてロンドンに留学して弁護士の資格を得ます。その後は、同じくイギリスの植民地であった南アフリカで活動していました。ここで彼は人種差別を経験します。その怒りは、彼の生涯にわたる闘争の原点となっていきました。

インドに帰国したのち、ガンディーは有名な非暴力・不服従運動をはじめます（図63）。これはヒンドゥー教の精神に基づく運動で、彼自身もヒンドゥー教徒でした。これは皆さんが思うよりずっと困難で凄まじい運動です。皆さんは、暴力に対してどのように対処しますか？ 服従するでしょうか、それとも暴力をもって戦うでしょうか。ガンディーはそのどちらでもない第三の道を選びました。暴力は受けても服従はしない、暴力は使わないけれども己の権利は積極的に主張する、という道です。

多くの人が、ガンディーを理想的な方法で戦った人物としてとらえているでしょう。確かにそうです。しかし、現実はもっと過酷で残酷なのです。この運動は死ぬ覚悟がなければできません。そしてもっとつらいことに、この運動は復讐しない覚悟がなければできません。「目には目を、歯には歯を」という言葉がありますが、同害復讐すら認められないのです。なんという

図63：ガンディー

過酷な運動でしょう。これは、ある意味では死よりつらい苦しみかもしれません。しかも、これはガンディーのみならばできるかもしれませんが、インドの奇跡は、ガンディーのみならず多くのインド人がこの道を選んだというところにあります。

イギリスは、ガンディーらの運動をローラット法という露骨な弾圧法規で押さえつけました。もちろん暴力をともないます。アムリットサール事件では、1000名以上もの死傷者を出しましたが、それでもガンディーはインド人たちの復讐心を抑えました。

「偉大なる魂」

この運動を展開している頃、イギリスの分割統治によって、同じインド人であるにもかかわらずヒンドゥー教徒とイスラーム教徒は激しく対立していました。復讐が復讐を呼ぶような争いです。ガンディーはこの争いを終わらせようと無期限の断食を行い、対立の無意味さに気づかせようとしました。危機には団結が必要なのです（歴史の見方③・④）。ある時、ヒンドゥー教徒の男が、イスラーム教徒に息子を殺されたためにイスラーム教徒の子供を殺したことをガンディーに告白します。彼はこの哀れな男にいいました。

「イスラーム教徒の子供をイスラーム教徒として育てなさい」

断食から5日目、インドの争いは収束していきました。

ガンディーが〝偉大なる魂〟と呼ばれたのは、その生き方に理由があるように思います。ルターと同様に、ガンディーの生涯もまた「戦いの人生」といえます。多くの人は問題に対して、当事者を回避して傍観者になり、自分の生活の安定を求めたり、あるいは己の命を守ろうとするものです。しかし、彼は問題の解決のため、据え膳の完成を待つのではなく、自ら先頭に立ちます。そして、己の命を投げ出す覚悟をもって戦いました。自分にはそれができるのか、そう考えざるをえません。歴史について考えるということは、自分について考えるということでもあるのです。

ガンディーはヒンドゥー教徒とイスラーム教徒の融和によるインド独立を望みました。しかし、残念ながら、のちの歴史はガンディーの思いとは異なった方向へと進み、彼自身も争いの中で命を落とすことになります。

魯迅の白話運動

中国でも大きな動きがあります。第一次世界大戦前、中国では辛亥革命によって清朝が倒れ、中華民国が樹立されました。しかし、この国は袁世凱に乗っ取られ、孫文は革命のやりなおしを迫られます。大戦中、日本が鬼の居ぬ間に中華民国政府に二十一か条要求を承認させ、内政への干渉権を得て影響力を強めました。もっとも、戦後、アメリカによって抑えられてしまいましたが。

一方で、大戦中の中国では知識人らによる新文化運動が展開されていました。この運動は、文字通り文化を新しくしようとするものです。文化とは「人の精神をかたちにしたもの」です（歴史の見方①）。文化を変えるということは人の精神を変えていくことを意味します。この運動では、中国の伝統的な精神が否定され、欧米の文化を取り入れることで精神の刷新が目指されました。

この運動は、文学の分野では白話文学というかたちで進められます。大衆にも受け入れられるよう、難解な表現ではなく平易な口語で表現する文学です。これはアメリカ独立革命でのトマス・ペインによる『コモン・センス』と同じ手法でしょう。代表的な作品は魯迅《ろじん》の『阿Q正伝』です（図64）。

阿は尊称、Qは人名、つまり「Qさんの伝記」という意味です。阿Qは、とある村の村人の男。その日暮らしの生活を送り、金も家もなく女性にも縁がなく、村人からはいつも馬鹿にされていました。しかし、阿Qはプライドが高く、何もかも自分に都合良く解釈し、自分が正しいと信じて疑いません。ある日、阿Qは問題を起こして村から追い出されてしまいます。そうこうするうちに

図64：魯迅

革命が起こり、わけもわからず参加してみるものの運悪く逮捕されてしまいます。無知ゆえに弁明もできず、阿Qは銃殺刑にされてしまいます。中国はこの阿Qです、と魯迅は中国の現状をわかりやすく示したのです。

この運動によって、中国の民衆は自国を正しく見定め、救国のために立ち上がることになります。中国の変革の準備が整ったということです。

歴史の見方⑮ 文化とは何か2

ここで、文化を変えるということは人の精神を変えるということ、という見方を確認しておきましょう。別な言い方をすれば、文化を操作するということは、人の精神を操作するということなのです。これは歴史を見る視点としては非常に重要です。

文化を変えるということは、人の精神を変えるということ
文化を操作するということは、人の精神を操作するということ

歴史上、このような現象は数多くあります。良いものとしては、今回の新文化運動のように

古い精神を新しい精神に変え、変革へとつなげていくものです。悪いものとしては、日本が朝鮮半島で行った皇民化政策などです。日本は太平洋戦争中に朝鮮を大陸兵站《へいたん》基地として機能させるため、朝鮮人を日本人にしてしまおうと考えました。そこで朝鮮の文化を抹殺し、日本の文化を押しつけたのです。日本語と日本名の使用（創氏改名）、あるいは神社への参拝を強制しました。現代でも文化には流入も流出もありますが、恐い面もあるのです。

もう一つ。時代を最も早く表すのは、政治でも経済でもなく、文化、特に芸術の分野であるということです。

芸術は時代を最も早く表すものである

これは、多くの芸術がイメージであることに由来します。精神をイメージにするのはすぐにできます。そしてイメージによる伝達は迅速で正確です。人が考えることはすぐに芸術となって表れます。時代の最先端を示すのは芸術なのです。

私たちは、ここで一つのことに気がつくはずです。それは、私たちが見ているこの近現代史も、ルネサンスという文化運動からはじまったのだということです。ルネサンスでは、近代的な世界観（自由・平等）がイメージとして表現されました。では、政治、経済、社会がそこに追いついたのはいつでしょうか。フランス革命と考えると、それはルネサンスから４００年ものちのことといえます。歴史の新しい動きは、まず芸術に表出し、そしてそれに政治、経済、社会が合わせるように変化していくと見ることもできるでしょう。

孫文から毛沢東へ

大戦後、中国は日本の二十一か条要求の廃棄を世界に要求しました。しかし、それは拒否され、日本はドイツが持っていた権益地帯の領有が承認されました。これに対して、中国の民衆たちは北京で大規模なデモを実施し、やがて全国的な反帝国主義運動を展開していきました。五・四運動です。これは中国の民主主義革命の発端となります。要するに、今までの中国の運動はすべて一部知識人の運動にすぎなかったのです。新しく国家をつくろうというのであれば、民衆の力を推進力としなければなりません。孫文が己の過ちに気づいたのはこの時でした。

孫文は、この運動を受けて、秘密結社である中華革命党を大衆政党である中国国民党に組織しなおします。閉鎖的な組織を開放的な組織につくりかえたのです。しかし、これからという時に、孫文は「革命いまだならず」の言葉を残し、病気でこの世を去ります。カヴールの「イタリアは誕生した。もう仕事はない」という言葉とは対照的です。孫文は何も成すことはできませんでした。孫文をずいぶん悪く述べてきましたが、彼の憂鬱に私の憂鬱は共鳴します。皆さんの憂鬱は共鳴しませんか？

孫文の死後、蔣介石によって国民党は指導され、袁世凱の残した中華民国政府を打倒、中国統一が完成します。一方で、第一次世界大戦後、ロシア革命の影響を受けて中国に共産党が創設されます。そして指導者の毛沢東は、紅軍と呼ばれる農民軍を組織します（図65）。国民党は、この共産党を新たな敵として戦う中で、中国建国の担い手としての座を共産党の毛沢東に奪われていくことになります。他方、朝鮮半島では日本が中国進出の機会をうかがっていました。やはり中国の安定は遠そうです。

図65：若い頃の毛沢東

第20幕 第一次世界大戦後の世界（世界恐慌後）──「現実」の崩壊

暗黒の木曜日

１９２９年10月24日。ニューヨークのウォール街の株式取引所は物々しい雰囲気に包まれていました。世にいう世界恐慌のはじまり、〝暗黒の木曜日〟です。この1日だけで約１３００万株が売られ、株価は大暴落。投機業者で自殺したものは11人に及びました。そして最悪の日といわれる29日には１６４０万株が売りに出されます。恐慌の影響で閉鎖した銀行は２０００社にのぼり、失業率は25％に達しました。人々の生活は根底から崩され、多くの人が存在意義を見失ったまま路頭に迷うことになりました。狂騒は一瞬にして沈黙へと転換することになったのです。

第一次世界大戦後、アメリカは圧倒的な生産力を誇り、アメリカの製品は国内外で飛ぶように売れました。景気が良いと小金を貯める人間の数が増えます。そしてすべての人が株で大儲けをしようとしたので、株は買い手ばかりが増えていきました。その結果、どの株も馬鹿馬鹿しい高値がつけられました。

しかし、実際にはその売れゆきに陰りが見えはじめていました。ヨーロッパでもアジアでも、さらにはアメリカ国内でも売れゆきは伸び悩んでいたのです。将来への楽観の見通しが一度崩れると、株価は大暴落します。「永遠に栄える」と信じていた人々の立つアメリカは、突如としてその足下から崩れ落ちたのです。

アメリカ資本の引きあげによって、恐慌はヨーロッパ、さらには全世界へと波及していきました。誰しも生活事情が悪化すれば心が荒み、許せるものも許せなくなるものです。国際社会の険悪化は、国際協調の空気に水を差し、世界には自国本意のナショナリズムが吹き荒れます。矛盾を抱えていたヴェルサイユ体制はこの衝撃で一挙に崩れ去りました。

ニューディールと善隣外交への転換

当時のアメリカ大統領は共和党のフーヴァーでした。彼は、経済に対しては自由放任主義を貫き、「繁栄はすぐそこまできている」として新しい政策を打ち出すことはできませんでした。この新しい問題には新しい対策が必要です。外交も、あの傲慢な排他主義を堅持します。余裕があれば一人でもやっていけますが、余裕がなければ誰かの助けが必要です。アメリカは、かつての姿勢に終止符を打つ必要があります。彼ではダメなのです。

ここで国民の圧倒的な支持をもって大統領に就任したのが民主党のフランクリン・ローズヴェ

ルトでした。彼は政府が積極的に経済に介入していくニューディール政策を展開しました。外交においても善隣外交と呼ばれる近隣諸国との協調外交に転じていきます。ニューディールの目標は購買力の向上、政策の中心はテネシー川流域開発公社（TVA）など、公共事業の推進です。この政策にどれほどの効果があったかは様々な解釈があります。しかし、少なくとも資本主義に「自由なだけではダメ」「不自由さも（政府の介入も）必要」という転換をもたらしたことは間違いありません。これを具体的に説明したのが経済学者ケインズです。経済は政府が治療し、外交では周りと仲良くするようになったということです。

守る英仏米・守れない日独伊

世界の動きはというと、どの国も余裕がなくなっているため、各国は自国とその仲間を守る方向へ向かいます。ブロック経済の形成です。これは、自国とその仲間（植民地や保護国など）を結びつけた経済圏を形成し、他国からの輸入に高い関税をかけ、輸入を制限することで経済圏内の産業を保護していこうとするものです。他国からの輸入がなければ自国の輸出は伸び、そうなれば経済は回復していくはずです。こうして、全世界は米英仏のブロックおよびソ連の社会主義圏に分割される傾向を見せはじめます。

ここで注意すべきは、ブロック経済は自給自足経済であるということです。生きていくためにはあらゆる資源や食糧が必要です。閉ざされたブロック経済内で輸出入をやりくりするのであれば、仲間が多ければ多いほど有利でしょう。植民地を「持てる国」米英仏はブロック経済を形成して、生きていくことができます。しかし、「持たざる国」日独伊はブロック経済を形成できず、さらに米英仏のブロックから閉め出され、生きていくことができなくなります。生きていくためには「持てる国」にならなければなりません。

追いつめられ、極度の危機に陥った日独伊はどうなるのでしょう。危機は団結と独裁を生みます（歴史の見方④・⑦）。未来に希望を持てない人々は、進むべき未来を力強く示す指導者を求めます。それこそがヒトラーという独裁者、そしてナチスというファシズム勢力なのです。大戦後に不満を抱えた国々は、ついにその不満を爆発させ、「自給圏」の獲得に乗り出します。つまるところは侵略です。日独伊は国際的に孤立し、その暴走がはじまります。では、彼らの怒りが爆発した時、世界にいかなる波乱が生じたのか、次に見てみることにしましょう。

満州事変の過ち

日本の破滅への道は満州事変にはじまります。日本はなぜ満州へと進出したのか、どのような理由と判断で日中戦争、さらには太平洋戦争へと突き進み、崩壊したのか、私たちこれらを知らなければなりません。

世界恐慌の影響を受けた日本でも、日本と植民地韓国を守り、「自給圏」を確保すべしとの声が高まります。日本の軍人たち（日本陸軍）は、この声に応える形で「満州を頂戴しよう」と訴えはじめます。一方、日露戦争で獲得した南満州鉄道を警備する南満州の軍人たち（関東軍）は別な問題に直面していました。現地では、排日運動が激化、現地居留民の保護が求められ、彼らは「腰のサーベルは竹光か」とまでいわれていました。これに応えるべく、関東軍の暴走がはじまります。満州事変です。

関東軍は日本の権益である南満州鉄道を自ら爆破し、中国軍による攻撃に見せかけ、「自衛」の名目で満州を制圧します。この南満州の軍人たちの行動は日本の軍人たちに追認されることになりました。

ここには二つの問題がありました。一つは日本が国際的な非難を浴びたことです。日本はこれを「自衛」の観点から正当化を図りましたが、受け入れられませんでした。結果、国際連盟から離脱して国際的孤立の道を歩むことになります。もう一つは関東軍の独断専行と文民統制の問題です。関東軍は日本陸軍の命令なしに勝手な行動をとりました。出先の軍人が中央の軍人の承認なしに、つまり部下が上官の命令なしに勝手に行動したのです。これを認めてしまったら軍隊は統率できません。しかし、日本陸軍はその行動に共感する部分もあったために暴走を不問とし、追認しました。また、内閣首相若槻礼次郎も、満州進出に反対でありながら（不拡大主義）、結局は統制できずに追認してしまいます。こうした日本陸軍や政府の対応は、関東軍のさらなる暴走を招くことになります。

日中戦争の過ち

満州の問題は、日本と中国の間に停戦協定が結ばれることで中国の事実上の承認を得ることに成功、国際的にも既成事実化していきます。一方、日本国内では軍人の政治的発言力が強くなっていきました。五・一五事件や二・二六事件が起こると、軍人によって政治権力が掌握されてしまいます。日本国民は民主主義を放棄し、軍人に国の行く末を委ね、戦争へと突き進んでいったのです。

1937年、満州と中国の国境付近にある盧溝橋《ろこうきょう》において偶発的な武力衝突事件が勃発しました。これをきっかけとして日中戦争がはじまります。中国側では、国民党の蔣介石と共産党の毛沢東が対立していましたが、ここで協力関係に入ります（歴史の見方③・④）。さて、日本はここでも同じ過ちを犯します。失敗の責任を負うべきは、内閣首相近衛文麿です（図66）。この件について、政府も日本陸軍も中国への派兵にははっきりと反対の意思を持っていました（不拡大主義）。にもかかわらず、いざ閣議となると、場の空気により中国への派兵に同意するという意思決定がなされました。軍を抑えるうえで最も重要な立場にいたのは近衛首相ですが、彼は関東軍参謀との間で次のような会話をしています。

近衛（内閣首相）

「池田君とうとうやったね、支那事変は軍の若い人たちの陰謀だ」

池田（関東軍作戦主任参謀）

「公爵、戦争の張本人は軍ではなくて、総理たるあなたですよ」

近衛（内閣首相）

「なんですって？」

池田（関東軍作戦主任参謀）

「そうですよ。公爵、あなたの責任ですよ。（国民の戦争熱を煽る新聞の記事を見せる）公爵、政府は不拡大主義を唱えながら、この新聞の扱いは何ですか。これでは戦争にならないのが不思議ではありませんか」

（村瀬興雄『世界の歴史15　ファシズムと第二次大戦』中央公論社、１９７４、p３１３、（　）内は著者による）

図66：近衛文麿

近衛首相には意思決定者としての当事者意識、責任者意識がなかったようです。場の空気による「誰が決めたわけでもない意思決定」というのは、これから起こるであろう日米交渉や太平洋戦争の中でも、そして現在でも数多く見られる日本の過ちといえるでしょう。

ヒトラーの登場

歴史上、ヒトラーほど多くのイメージを思い起こさせる人物はいません（図67）。おそらく、多くの人がまずユダヤ人の虐殺（ホロコースト）を思い浮かべ、そして「ナチス」とか「アウシュヴィッツ」「鍵十字」「独裁者」といった言葉が頭の中を飛び交い、「なぜあんなことに……」といった憤りの感情が生まれてくるのではないでしょうか。一般的に、ナチスによって虐殺されたユダヤ人の数は600万人以上、説によっては1000万人以上ともいわれています。しかし、残念ながら、歴史においてあのような悲劇はそれほど珍しいことではありません。人間が歴史を営み続ける以上、人間の醜さもしばしば歴史に顔を出します。歴史が私たちと同じ人間が紡いで

図67：アドルフ・ヒトラー（ドイツ連邦公文書館）

きたものであるなら、歴史上のいかなる人物も出来事も、私たちと切り離してとらえてはならないでしょう。第一次世界大戦後のドイツに生まれていれば、私たちもユダヤ人絶滅政策に加担していたかもしれないのです。

この頃、ドイツでは誰もが亡国の危機を嘆き、憤りを感じていました。しかし、このような人々の思いをよそに、当時のドイツ政府は実に頼りないものでした。外に対してはヨーロッパ諸国に頭を下げ、内においては戦後の経済的荒廃やハイパーインフレーションといった混乱に対処できず、失業者は増えて人々の生活は悪化していくばかり。さらには世界恐慌が追いうちをかけ、ドイツ人の不満は頂点に達していきます。この極度の危機的状況に、ヒトラーという稀有《けう》な独裁者出現の必然性があります（歴史の見方⑦）。

ヒトラーの手法

ヒトラー率いるナチスは、規律正しく一糸乱れぬ動きを人々に披露していきます。人々の目にそれはひときわ魅力的に映ったことでしょう。ヒトラーは、己の考える復活への遠大な計画を、著書『我が闘争』に表明し、魂を揺さぶるような巧みな演説でもって訴えました。人々は皆、この指導者についていけば自分の生活は改善されるかもしれないという期待を抱き、ナチスにすべてを委ねたのです。

やがてヒトラーは総統と呼ばれる地位に就任します。最大の問題であった失業問題も奇跡的に解決していきました。独裁を行う側とそれに従う側の間の合意は強固なものになっていきます（歴史の見方⑦）。ヒトラーは、祖国の復興に向かって前進するドイツ国民の集団をつくりあげたといえるでしょう（図68）。しかし、希望を抱いた人々は悲劇の加担者となってしまいます。

ヒトラーは秩序を重んじました。秩序を維持するためには、敵を設定することが有効です。これも「危機は団結を生む」を変形した「危機を与えれば団結する」という原理が働いています（歴史の見方④）。そこで、彼はユダヤ人に目をつけました。古くから迫害されていたユダヤ人を敵とすることで、ドイツ人を団結させたのです。ナチスの紋章である鉤十字（ハーケン・クロイツ）も反ユダヤを表すものです。ファ

図68：ナチス式の敬礼（ドイツ連邦公文書館）

シズムというのは、自由主義・社会主義を排撃してナショナリズムを過激にした極右といえます。これは同じくファシズム体制をとった日本やイタリアも同様です。したがって、日独伊は極左であるソ連を敵視することになります。

ヒトラーは、ユダヤ人を虐殺する一方、ドイツ人の結束を強め、ドイツの「自給圏」の確保のため露骨な領土拡大政策を進めていきます。こうして、ヒトラーは政権の座についてわずか6年、世界を戦争の渦に巻き込んでいったのです。

併存する二つの対立軸

ドイツは国際連盟において、軍備の平等を主張しましたが認められませんでした。これを不服として、日本に続いてドイツも国際連盟から脱退、国際的孤立の道を歩みはじめます。ヒトラーは、再軍備宣言を発して外への進出をはじめます。

こうしたファシズム国家の膨張に対して、ヨーロッパ諸国には二つの対応がありました。甘く対応する「宥和政策」と厳しく対応する「人民戦線」です。なぜまったく異なる対応が生じたのでしょうか。これまでのヨーロッパ各国の歴史を思い出しながら見てみましょう。

二つの対立軸のうち、一つは反共産主義、もう一つは反ファシズムです。反共産主義で考えると、ソ連が敵となり英仏とドイツの利害は一致します。しかし、反ファシズムで考えると、逆にドイツが敵となり、英仏とソ連の利害が一致します。ここで重要なのは、いわずもがな英仏の立場でしょう。反共産主義をとるのか、反ファシズムをとるのかで、独ソの動きは変わってきます。ですが、英仏は曖昧な態度に終始します（図69）。両国には「戦争をしたくない」という思いがあったためです。ドイツを敵とみなせば戦争になる可能性があります。それを避けたいがため、英仏はできるだけドイツのいいところに、つまり反共産主義という側面に期待してしまいます。かといって、ドイツの膨張を許すわけにもいきません。態度を決められないのです。

なお、英仏間でも姿勢に差があります。イギリスは海を隔てた島国であるため、ドイツに対する危機感は弱くなります。歴史的にもイギリスは大陸に対してマイペースな国です（歴史の見方⑧）。しかし、フランスは隣接国であるため強い危機感を持っています。歴史的にもドイツとは犬猿の仲です。結果、イギリスは宥和政策をとります。フランスは表面的には人民戦線をとりますが、イギリスの同調が得られないため、実際には宥和政策に流れることになります。

要するに、英仏は、本音ではドイツに反感を持ちながらも、ヒトラーの進出を容認してしまうのです。この曖昧な態度にソ連は不信感を募らせ、一方のドイツはつけあがります。ドイツを中心に日独

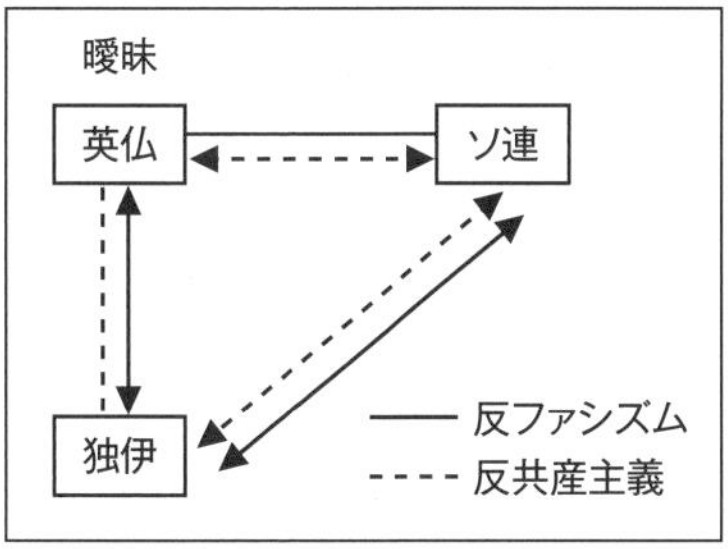

図69：第二次世界大戦前の国際関係

伊防共協定が結ばれて「持たざる国」の結束も強化され、戦争の危機はさらに高まっていきました。

英仏の弱腰とソ連の傷心

この微妙な三角関係の中で、現実的にどう動くかの決断を迫られたのがズデーテン問題の解決を試みたミュンヘン会談でした。

英仏の沈黙と曖昧な対応は、ヒトラーを増長させていくことになりました。ドイツはオーストリアの併合を強行し、さらにドイツ系住民の多いズデーテン地方の割譲をチェコスロヴァキアに要求しました。チェコスロヴァキアはこれを拒否、再びヨーロッパでは緊張が高まります。世界が注目する中、各国首脳は平和への望みをかけてミュンヘン会談を開きました。イギリスからは首相チェンバレン、フランスからは首相ダラディエが参加、ドイツとイタリアからはヒトラーとムッソリーニが参加します。ここで重要なのは、当事国チェコスロヴァキア、そしてソ連が招かれていないということです。なぜでしょうか。

ミュンヘン会談は、ヒトラーにこれ以上の領土要求はしないとの約束のもと、その要求をほぼ全面的に受け入れる形でまとまりました。英仏ははじめから宥和政策で対応しようと決めていたのです。だから、チェコスロヴァキアとソ連を招かなかったのです。当事国チェコスロヴァキアも、そしてどう転んでもドイツとは対立するソ連も、ヒトラーの要求に必ず反対するはずです。

帰国したチェンバレンは「これが我々の時代の平和だ」といって平和をアピールします。しかし、彼らの平和は1年と続きませんでした。

なお、招かれなかったソ連スターリンの気持ちを想像してみましょう。ソ連は英仏に反ファシズムを期待し、ずっとラブコールを送っていました。ソ連は英仏と協調するべく、国際連盟への加盟も果たします。しかし、ソ連のスターリンはミュンヘン会談に呼ばれませんでした。寂しがりやのロシア人です（歴史の見方⑬）。これは傷つくでしょう。小学生の男の子が好きな女の子に思いを伝え続けているにもかかわらず、曖昧な態度をとられ、最終的に女の子のお誕生日会に呼ばれなかった、そんな切なさではないでしょうか。実は、このソ連の傷心は第二次世界大戦の中盤まで引きずられ、それゆえに戦争の序盤は〝奇妙な戦争〟となってしまいます。

これ以上の領土要求はしないとの約束は、いとも簡単に破られてしまいます。１９３９年9月、ヒトラーはポーランドへの侵攻を命じました。

第21幕

第二次世界大戦──世界は地獄を見た

奇妙な戦争

ミュンヘン会談ののち、ドイツはチェコスロヴァキアに進駐、さらにはポーランドへの進出を計画します。ここに英仏との関係は悪化、戦争の可能性が生じてきました。そこでヒトラーは二つの準備をします。一つは独伊軍事同盟の締結、つまりイタリアとの関係強化です。もう一つがヒトラーとスターリンとの間で結ばれた独ソ不可侵条約です。基本的な立場がまったく異なる両国の接近は世界に衝撃を与えました。日本の平沼内閣は、両国の提携を予期していなかったため「欧州の天地は複雑怪奇」との言葉を残して総辞職してしまったほどです。無論、ここには両国の利害の一致があります。ドイツは英仏との関係を悪化させています。ヒトラーは、前回の大戦の時のような両面作戦を避けるためにも、しばらくは（英仏を打倒するまでは）ソ連との戦争は避けようと考えました。一方、ソ連は英仏とともにドイツに対抗したいのですが、スターリンはミュンヘン会談での傷がまだ癒えておらず、英仏を信用できません。である以上、しばらくは（英仏を信用できるようになるまでは）ドイツとの戦争は控えようと考えたのです。

1939年9月、ヒトラーは行動に出ます。ドイツは陸軍と空軍の同時攻撃によってポーランドへ侵攻。ついに、英仏の対独宣戦布告がなされて第二次世界大戦が勃発しました。しかし、ドイツと英仏の間で戦闘はまだ行われず〝奇妙な戦争〟と呼ばれる状態が続きます。ここまできても英仏はまだ戦う覚悟を決めていないのです。

ドイツがポーランド西部を攻撃している頃、ソ連もポーランド東部へ侵入、独ソによってポーランドは分割されてしまいました。ソ連はさらにバルト3国、フィンランドへも侵攻していきます。ここには、いずれは起こるであろうドイツとの戦いに備えて壁をつくっておこうとする意図がありました。しかしながら、この壁はのちにヒトラーによって脆《もろ》くも崩されることになります。

チャーチルとド・ゴールの言葉

ドイツは攻撃の矛先を徐々に西へ向けていきます。デンマーク、ノルウェーへ次々と侵入、さらにオランダを5日間で降伏に追い込み、ベルギーを占領していきます。そして、ついにフランスへの侵入を開始します。ドイツの電撃戦により英仏軍はダンケルクからの撤退を余儀なくされ、パリは陥落、フランスは態度を明確にする間もなく降伏させられます。戦争がはじまってわずか1年、ドイツ軍の進撃を阻むものはもはや海だけとなったのです。

ドイツの次なる敵はイギリスです。ヒトラーは連日連夜の空爆を加え、英本土上陸を目指しました。ドイツの猛攻を見たイギリスは態度を明確にします。弱腰のチェンバレンに代わり、不屈の精神を持つチャーチルの登場です。彼はドイツ軍の空爆に対し徹底抗戦を国民に訴えます。

「我々は海岸で戦う。我々は水際でも戦う。我々は野で、街頭で、丘で戦う。我々は決して降伏しない（We shall never surrender）」

一方、占領下のフランスでは対独協力政権が樹立されてしまいます。しかし、ロンドンに亡命していたド・ゴール将軍は、ラジオ演説で徹底抗戦を訴えます。

「私、ド・ゴール将軍、今ロンドンにいる……」

「どんなことがあっても、抵抗の火は消えてはならないし、消えないだろう」

図70：チャーチルとド・ゴール

ドイツの猛攻を受けて、日独伊は防共協定を軍事同盟に拡大し結束を強めました。しかし、イギリスにはチャーチルがいます。フランスのド・ゴールもまだ生きています（図70）。抵抗の火はまだ消えてはいない！

独ソ戦

ドイツはイギリスを倒しきれません。苛立つヒトラーの目は、徐々に東方へと向けられました。なぜイギリスは降伏しないのか……、もしかしてイギリスはソ連の参戦をあてにしているのか、ドイツの軍事力をもってすればソ連などすぐに倒せる、ならば。

１９４１年6月、ヒトラーは独ソ不可侵条約を一方的に破棄、ドイツの大戦車部隊にソ連侵攻を命じ、ついに独ソ戦がはじまります。しかし、ヒトラーの見通しは大きな誤算となりました。

ドイツは緒戦で目覚ましい戦績を挙げます。ドイツ軍３００万を主力に、降伏した国々の軍を加えての電撃戦はソ連軍を圧倒、首都モスクワに迫りました。しかし、ドイツはここでつまずきます。極北の大地を大寒波が襲ったのです。１３０年前にナポレオン軍を打ち負かした冬将軍の到来です。粘り強さを備え（歴史の見方⑬）、冬の戦いに慣れたソ連軍の反撃により、無敗を誇ったドイツ軍は初めて大敗北を喫しました。

独ソ戦の開始によって、戦争の対立関係ははっきりしました。反ファシズム対ファシズムです。米英ソを中心とする連合国は、大西洋上会談にて反ファシズムという戦争目的と互いの結束を宣言しました。

一方、その頃、地球の裏側では新しい戦いがはじまろうとしていました。太平洋戦争です。

対米戦もはややむなし

日本は、日中戦争の停滞に腐心し、局面の打開を模索していました。最初は小さな軍事衝突であった戦争は、いまや戦火は中国全土に飛び火し、中国の抵抗も思いのほか激しく、先が見えていませんでした。ここでアメリカが日中戦争に干渉しはじめます。アメリカは戦略物資の対日禁輸を決定、経済制裁を加えます。

その時、パリが陥落したとのニュースが飛び込みます。日本はドイツの猛攻に乗る形で日独伊三国軍事同盟を締結しました。しかし、これはアメリカだけでなくイギリスとの関係も決定的に悪化させるものとなってしまいます。

アメリカは石油の全面禁輸を打ち出します。日本の石油の備蓄量からすれば、わずか2年間で底をつく見通しです。戦争か、平和か、日米の間では戦争回避のための外交交渉が行われます(日米交渉)。日本は石油の輸出再開を求め、アメリカは中国からの撤退と三国軍事同盟からの離脱を求めます。しかし、日本政府に指導力はなく、陸軍は開戦を望み、海軍は開戦を望まず、見解不一致の中で交渉は難航しました。日米交渉に失敗した近衛内閣は総辞職。果たせるかな、組閣の大命が下ったのは陸軍の東條英機でした。やがてアメリカから日米交渉の最終案ハルノートが提示されます。そこに石油輸出再開の文字はなく、あろうことか満州からの撤退を要求しているともとれる旨が記されていました。日本にとって到底受け入れられるものではありませんでした。

御前会議にて「対米戦もはややむなし」との決議。予《かね》てより山本五十六《いそろく》連合艦隊司令長官によって計画されていた真珠湾奇襲を実行に移すよう電報が打たれます。南雲忠一《なぐもちゅういち》中将は、北太平洋を黙然と進む機動部隊の旗艦「赤城」の艦橋で、その電報を受け取りました。「ニイタカヤマノボレ一二〇八」。

太平洋戦争のはじまり―真珠湾奇襲

12月8日午前6：30（ハワイ時間）。日本機動部隊の空母から第一次攻撃部隊183機が次々と発艦。ハワイ真珠湾を目指しました。

午前7：52。ハワイ上空。総指揮官の命で電信員が打電「トラトラトラ……」（われ奇襲に成功せり）。7：55。急降下爆撃隊の投弾で攻撃が開始されます、空襲部隊の攻撃ぶりは非常に冷静でした。爆煙で目標を見失わないように、風下から確実に炎上させ、まったく戦闘態勢をとっていなかった米軍は大混乱に陥ります。真珠湾の基地では「真珠湾空襲、演習にあらず」の放送が鳴り響きました。戦闘機は高さ5、6メートルの低空に舞い降り、炎上する戦艦と立ち上がる水しぶきの間を縫って米軍を襲います。中には尾部に電話線をひっかけたまま帰投したものもあったようです。第一次攻撃部隊と入れ違いに第二次攻撃部隊167機も攻撃を開始。9：45にはすべての攻撃を終了させ、空襲部隊は大戦果をあげて真珠湾を去っていきました。

攻撃隊の命中率は見事なもので、米軍は戦艦5隻が撃沈される米軍史上最大の被害を被りました。対して、日本側は航空機29機を失ったのみです。

しかし、真珠湾奇襲の成功に湧く日本人の歓声の向こうでは、日本側の最後通牒が遅れたことを受けて、米ルーズヴェルト大統領はこの「だまし討ち」を最大限に利用、米国民の敵愾心《てきがいしん》を煽ることに成功しました（図71）。さらに、真珠湾にある肝心の石油タンクや工廠《こうしょう》は無傷のま

図71：ローズヴェルト

ま残されていました。この失敗が、のちの戦況にどれほど大きな影響を及ぼすのか、気づいている日本人はほとんどいなかったのです。

日本の猛攻─マレー沖海戦

真珠湾奇襲に呼応して、日本軍はいっせいにマレー、香港、フィリピン、グアムを攻め、半年も経たないうちに南方の攻略を完了。フィリピンからはあのマッカーサーが「I shall return」の言葉を残して撤退していきます。日本軍の快進撃は、ヨーロッパでのドイツの猛攻にも劣らない凄まじい速さでした。たちまちアジアの地図は一変します。太平洋各地から、米英蘭は追放され、白人の支配は有色人種によって覆されていくことになりました。中でも、最も劇的な勝利をあげたのがマレー沖海戦です。

この戦いで、日本の航空部隊はイギリスの最新鋭の戦艦「レパルス」「プリンス・オブ・ウェールズ」を中心とする部隊を襲いました。イギリス軍の対空砲火のなか、日本の航空部隊は目を疑うような低空で敵艦に迫り、鮮やかな雷撃を繰り返します。戦艦2隻は、いずれも爆弾1発と魚雷5発で撃ち取られ、南海の底に沈みます。日本軍機は、沈む戦艦から退去するイギリス兵に攻撃を加えることなく見守り、2隻の沈没を見届けると、大空のサムライたちは翼をふって英海軍将兵の敢闘を称えながら姿を消していきました。

英チャーチル首相は電話で報告を受けます。その時の気持ちをチャーチルは次のように記しています。

「私は受話器を置いた。私は1人であったことを感謝している。戦争で、私はこれ以上のショックを受けたことはなかった」

翌日、激戦地となった海上に1機の日本軍機が飛来し、二束の野花を投下しました、一束は日本武士道の戦士たちのため、もう一束は英国騎士道の戦士たちのために捧げられたのです。

これまで戦艦を航空機が沈めることは不可能とされていました。しかし、この戦いでこれまでのような大鑑と巨砲を中心とした海軍中心の戦いから、空軍中心の戦いに変化していくことになります。米英はすぐさま軍の再編成に着手しました。しかし、日本は勝利したにも関わらずこの戦いの意味を理解していませんでした（歴史の見方⑥）。

パリは燃えているか――ド・ゴールの帰還

ヨーロッパ戦線において、イタリアは早々と降伏。連合軍の敵はドイツのみとなっていました。ソ連は、第一戦線（ドイツ東部の戦場）でドイツ軍のほぼ全軍を引き受けていたため、スターリンは米英に第二戦線（ドイツ西部の戦場）の形成を要請しました。そこで、実行に移されたのが連合国軍総司令官アイゼンハウアーの指揮によって行われたノルマンディー上陸作戦です。史上最大の作戦と呼ばれた計画の成功によって、ドイツは東からソ連軍に、西からは米英軍に挟まれ、形勢の逆転は決定的となりました。

フランス各地では、レジスタンスと呼ばれる市民たちによるドイツ軍へのゲリラ闘争も激しくなっていきます。ヒトラーはパリの司令官に「パリを明け渡す時には焼きつくして廃墟にせよ。爆破し、破壊しつくせ」と命じていたため、ナチス党員たちはありとあらゆる建物に爆薬を仕掛けていました。しかし、米英軍がパリに侵入すると、ドイツ軍司令官は援軍もなく、パリの爆破をあきらめます。フランス市民たちの協力のもと、パリの街は解放されました。

１９４４年8月25日、司令部となっていた一室でドイツ軍司令官は降伏を決意します。

「パリは燃えているか？　……リは燃えて……るか？」

放り出された受話器の向こうからは、ヒトラーの狂気を帯びた声が聞こえていました。フランスにド・ゴールが帰還、パリの街では市民の歌うラ・マルセイエーズが響き渡り、ヒトラーの声をかき消していました。

ドイツの降伏──ヒトラーの最期

ソ連軍も東欧に次々と侵入、ドイツ軍を圧倒していきました。１９４５年1月、ヒトラーは、戦火にさらされたベルリンの地下壕へと避難します。彼は、あの七年戦争のフリードリヒ２世の逆転を妄想し続け、その肖像画を壕内に飾っていたようです。

ここにつき添ったのは、恋人であったエヴァ・ブラウンでした。彼女は、ヒトラーを深く愛し、嫉妬から二度の自殺未遂までしています。4月20日、ソ連軍がベルリンに侵攻すると、29日、地下壕でヒトラーはエヴァと結婚しました。ヒトラーは女性を信頼しなかったため結婚を考えていませんでしたが、彼女に報いようとしたのです。花嫁は青色のシルクのドレスを着ていたといいます。エヴァはこの幸せを喜び、地下壕の者に「もうフラウ・ヒトラー（ヒトラー夫人）と呼んでもいいのよ」と誇らしげに語りました。

翌日、夫妻は自殺します。エヴァの幸福は40時間もありませんでした。夫妻の遺体はガソリンで焼かれたようです。1週間後、ドイツは無条件降伏しました。壕内にはヒトラーの遺言が残されていました。「ドイツ人は私の運動に値しないことを自ら証明した」。

落日の死闘――ミッドウェー海戦とガダルカナル攻防戦

一方、太平洋方面でも決定的な死闘が繰り広げられていました。海のミッドウェー海戦、陸のガダルカナル攻防戦です。日本の緒戦での連戦連勝は、連合国軍の準備が整わない段階での勝利にすぎませんでした。圧倒的な生産力を誇ったアメリカの反撃がはじまります。

日本の最初のつまずきはミッドウェー海戦でした。真珠湾奇襲と同様、山本五十六が戦略を立案し、南雲忠一がそれを実行に移しました。しかし、日本の暗号はアメリカに解読されていたため、日本は逆奇襲されることになります。さらに、山本と南雲の間で意思が統一されていなかったこともあり、誤った判断を重ね、空母4隻を失う大敗北となりました。

さらに南太平洋の島々の先にあるガダルカナル島が叩かれます。ここでは、陸軍と海軍の不和が露呈し、日本軍はバラバラの状態での戦闘となりました。敵軍を下回る兵力で夜襲をかけては撃退され、物資の補給もままならないまま、兵は飢餓や病に冒されていきました。投入された兵力は約3万名、うち戦死は5000名、1万5000名が餓死あるいは病死でした。ミッドウェーとガダルカナルでの敗北は太平洋戦争の転換点となります。しかし、大本営はその事実を公表しませんでした。

やがてサイパン島が陥落して絶対国防圏が崩壊、日本本土はB29による空襲にさらされます。日本の技術の結晶として空を支配した零戦も、この頃にはその性能も分析され、米戦闘機ヘルキャットの相手ではなくなってしまいます。日本は各地でバンザイ突撃や神風特攻隊による突撃を繰り返し、悲惨な敗退を続けます。

沖縄県民斯ク戦ヘリ

ヨーロッパでドイツの敗北が濃厚になる頃、米軍の沖縄上陸がはじまります。男子学生・女子学生も戦闘に参加し、ひめゆり部隊の悲劇も起こります。18万人を超える死者を出して沖縄は陥落しました。

沖縄軍の総司令官大田実は、大本営に電報を打った上で拳銃自殺を遂げます（図72）。「沖縄県民斯ク戦ヘリ県民ニ対シ後世特別ノ御高配ヲ賜ランコトヲ」

そこには訣別電報の常套句である「天皇陛下万歳」「皇国ノ弥栄《いやさか》ヲ祈ル」といった言葉はなく、兵士の敢闘、婦人や老人子供らがどういった末路をたどったかが延々と綴られています。「後世特別ノ御高配ヲ賜ランコトヲ」。戦後、本土の人間が、美しく自然豊かな沖縄に与えたものは何だったでしょうか。それは米軍基地です。

図72：沖縄の旧海軍司令部壕　大田実の自決現場

日本の降伏――8月6日から15日にかけて

ドイツが降伏すると、連合軍はポツダム会談にてドイツと日本の戦後処理について話し合い、ポツダム宣言では日本に無条件降伏が勧告されました。日本は天皇制の維持にこだわってこれを黙殺します。この意思決定によって、さらに数十万人の命が奪われることになったのです。

8月6日朝、テニアン島より飛び立った爆撃機エノラ・ゲイが広島上空に現れます。ウラン型原子爆弾リトルボーイの強烈な閃光とともに広島は廃墟と化しました。9日、今度はプルトニウム型原子爆弾ファットマンによって長崎も同様の被害を受けました（図73）。被爆後5年間で犠牲者は広島で20万人、長崎で14万人にのぼります。

実は、日本の諜報機関はこのテニアン島から発進した「ある任務を負った特殊部隊」が広島に迫っていることに気づいていたようです。そして9日未明、再び同じ暗

図73：長崎に落とされた原爆

号を持つ航空機が飛び立ちます。広島の直後ですから、これが「原爆投下の任務を負った特殊部隊」であることはわかっていました。しかし、軍は迎撃のための戦闘機部隊を準備していたにも関わらず、出撃命令は下されず、空襲警報さえ発令せず、みすみす原爆投下を許す結果となりました。日本の諜報機関が摑んでいた情報はまったく活かされなかったのです。これらはＮＨＫの取材で明らかになりました。

8月15日、玉音放送によって日本の敗戦が告げられ、9月2日、力尽きた日本は戦艦ミズーリ号上で降伏文書に調印しました。

歴史の見方⑯ 主要国の国民性（日本）

なぜ、このようなことになってしまったのでしょうか。太平洋戦争に敗北した理由のうち、普遍的な要因と日本的な要因を明らかにしておきたいと思います。それは大きく次のようになるでしょう。

◎変化に対応できなかったこと
◎目的と戦略の欠如

普遍的な要因として、変化に対応できなかったことがあります（歴史の見方⑥）。戦争は、第一次世界大戦より総力戦に変わりました。この戦いは、個々の兵力の衝突ではなく生産力の衝突であり、資源の乏しい日本が圧倒的な生産力を誇るアメリカに勝つことはそもそも不可能です。真珠湾攻撃で、南雲忠一中将が戦艦と航空機を破壊し、石油タンクや工廠を攻撃対象としなかったのもこれを充分に理解していなかったためです。日本は第一次世界大戦でヨーロッパのような総力戦を経験していなかったため、日露戦争から戦争観は更新されていなかったのです。これは情報やデータの軽視にもつながりました。

また、第二次世界大戦では大鑑や巨砲中心から航空機中心の戦闘に変わりました。あのマレー沖海戦で変わったのです。しかし、米英がその変化に即座に対応したのに対し、日本はそれができませんでした。無論、戦争の性格を開戦時に正しく見通せる人間はほとんどいません。しかし、その変化を察知する洞察力、変化に対応する決断力、日本はこれに欠けていたといわざるをえません。

日本的な要因として、目的なき戦争であったことが挙げられます。そもそも、当時の日本は対中戦と対米英戦を区別せず、一連の戦争を一続きのものとして「大東亜戦争」と呼んでいました。これを二つに分割し、一方に「太平洋戦争」と名づけたのはＧＨＱです。日本にとっては大東亜戦争でもアメリカにとっては太平洋戦争であったということです。私たちは、日本の視点に立って一続きとしてとらえるべきでしょう。すると、対中戦に戦争の根本的な理由が求められます。

日中戦争の原因は、満州の保護であり、きっかけは小さな武力衝突です。しかし、気がつけば中国との全面戦争となり、さらに米英を巻き込んで戦火は太平洋全域に拡大していきました。つまり、中国、そして米英と全面戦争をする理由も目的もなかったのです。目的がなければ勝利のための戦略も、講和のための戦略も立てられません。事実、陸軍も海軍も戦争終結に見通しを持っていませんでした。陸軍は「ドイツがイギリスを降伏させるだろう。イギリスが降伏すればアメリカも降伏するだろう」という希望的観測しか持たず、海軍に至っては「3年目以降は遺憾ながら予見しえず」としています。最高のシナリオは希望的観測に支えられ、最悪のシナリオは想定されずに撤退ラインを設けませんでした。だから、日本は降伏の機会を逃し続けて数々の悲劇を生んでしまったのです。

「日本的な要因」としましたが、日本人の特性はどのようなものなのでしょうか。それは、様々に指摘されています。代表的なものとして、加藤周一の指摘した、日本人の時間感覚は現在「いま」に、空間把握は自分の所属する集団「ここ」に集中しているというものがあります。「過去は水に流す」「明日には明日の風が吹く」などの言葉に表れていますが、日本人にとっては過去と未来は無限に広がっており、意識は現在に集中します。現在の繰り返しが重視され、結果的に前例主義がはびこります。目的を持って戦略を立てることには不慣れなようです。そして、一般的にいわれている「和を以て貴しとなす」にあるように、日本人は自分が所属する集団に波風を立てない「言わない美学」を持っています。そういった気質が「誰が決めたわけでもない意思決定」をつくるわけです。この日本人らしさは、大陸から海を隔てた平和な島国であることや、農耕や四季の移り変わりを背景としています。

日本人は「いま」「ここ」に意識が集中する全体から「いま」「ここ」を規定することができず、目的意識が弱い。

日本人の特色には、もちろん良い面も悪い面もありますが、失敗を反省なしに終わらせてしまうならば、それは悪い面です。「いま」に意味を与えなければ、〝二度目の敗戦〟は起こるかもしれませんし、すでに起こっているのかもしれません。

こうして、二度の世界大戦は人間の矛盾と醜さを露呈して終結しました。ルネサンスより、人間の理性によって科学は発達し続け、人々の生活は豊かになり、人類は明るい未来へと歩んでいるはずでした。しかし、目の前に現れたのは地獄のような大量殺戮であり、もたらされたのはヨーロッパの凋落です。現代を生きる私たちの世界は、人間の理性や歴史の進歩に対する挫折をもって幕を開け、ヨーロッパを中心に見てきた歴史にも決定的な打撃が与えられていくことになります。

第6章　現代　対立と融和——アメリカの時代

本章の内容

第二次世界大戦が終了すると、次に待っていたのは資本主義と社会主義の対立でした。第二次世界大戦前、ヨーロッパには反ファシズムと反共産主義と二つの対立がありましたが、前者の対立は大戦で解消されました。したがって「資本主義VS社会主義」の冷戦が生じたのも必然的な流れといえるでしょう。

最終章の「現代（対立と融和）」では「アメリカの時代」がはじまります。「ヨーロッパの時代」は終わり、アジアの植民地は次々に独立を果たします。しかし、そこには問題もありました。現代の問題は「ヨーロッパの時代」が残したものと、「アメリカの時代」が生み出すものとに分かれます。冷戦と現代の問題について追っていくことにしましょう。歴史はいよいよ、今この瞬間の「皆さん」に迫ってきます。

◉現代

二つの世界大戦によってヨーロッパは没落。
アジアは独立、アメリカの時代が到来、しかしそこには問題があった。

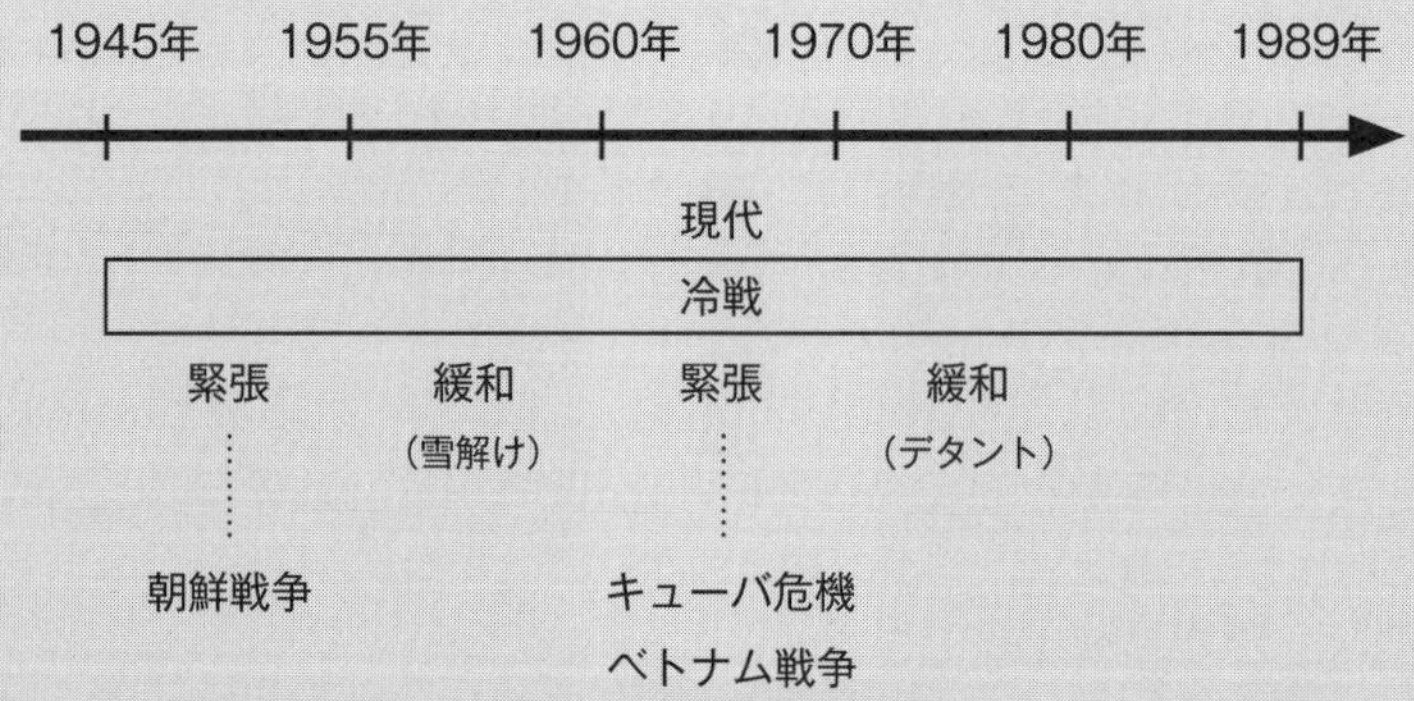

第22幕 冷たい戦争――核のもたらす「平和」

冷たい戦争と核

第二次世界大戦が終わると、いわゆる冷戦がはじまります。戦争の記憶が薄れる間もなく、世界はアメリカを中心とする資本主義陣営（西側陣営）とソ連を中心とする共産主義陣営（東側陣営）との二つの世界に分かれて厳しく対立することになりました。

冷戦の本質は核兵器にあります。核によって対立は特徴づけられ、核によって緊張が高まり、核によって緊張は緩和されていく、それが冷戦です。

冷戦の特徴は「冷たい（熱くない）」ところにあります。戦争は科学を発達させます（歴史の見方②）。冷たい戦争は、原子物理学をさらに発達させ、原子力発電を生むとともに核兵器開発も進展させます。その結果、新たに登場した水爆は広島の５５０倍もの威力を持つまでになりました。１国を壊滅させるだけの兵器を人類は手にすることになったのです。そうなるともはや使用することはできません。核戦争を起こせば敵国だけでなく自国も壊滅することになります。冷戦では、映画のワンシーンのように、お互いに銃口を向けながらにらみ合うものの撃つことができない、そんな緊張が続きます。冷戦の「平和」はそうした「核の抑止力（恐怖の均衡）」で成り立っていました。しかし、それは一歩間違えば人類滅亡となる可能性を含んだ、脆《もろ》く危うい平和であったといえるでしょう。

冷戦は世界の「二極化」によってはじまり「多極化」によって終わります。このはじまりと終わりにも核は大きな意味を持ちます。冷戦初期、核保有国は米ソの2国に限られていました。ヨーロッパは二度の世界大戦で没落したため米ソの核に頼らざるを得ません。西欧はアメリカに従属し、東欧はソ連に従属します。また、米ソ対立が持ち込まれて分断される国家も出てきます。ドイツや朝鮮、ベトナムなどです。そういった地域では、代理戦争なども起こりました（熱い戦争）。世界は米ソの核を中心として二極化したのです。

しかし、核保有国が増加すると、世界の中心は米ソに限らず多極化します。世界のとらえ方も東西対立のみならず、多様になりました。核が緊張を高め、核が緊張を和らげる、武力というのは不思議なものです。

ところで、冷戦の対立軸となった資本主義と共産主義は、なぜこれほどまでに激しく対立したのでしょうか。二つの思想というより、人間の心理から考えてみることにしましょう。

鉄のカーテンをおろしたソ連、封じ込めたアメリカ

1946年、大戦を戦い抜いた英チャーチル元首相がアメリカのとある大学で有名な演説を行いました。

「いまやバルト海のシュテッティンからアドリア海のトリエステまで、一つの鉄のカーテンがおろされている。そして何らかのかたちでソ連の影響を受けているのみならず、モスクワからのきわめて強力でかつ増大しつつある支配に従属している」

この演説をもって、世界は初めて東西の対立を意識するようになりました。チャーチルの使用した〝鉄のカーテン〟という言葉にはどのような意味があるのでしょうか。

東側の共産主義社会は、その理想の実現のために様々な歪みを生みました。一つは独裁政治(恐怖政治)です。共産党政府には反対する勢力が常に存在します。政府は強大な権力をもって粛清を行い、恐怖を与え、密告を奨励して反対勢力を抑え込んでいかなければなりません。その結果、人々から自由と信頼が剝奪され、人間社会は猜疑と反目が渦巻く陰鬱なものとなってしまいました。

もう一つは秘密主義です。共産党政府に反対する勢力が常にいるのであれば、政府は弱みを見せるわけにはいきません。だから対内的にも対外的にも「この国はうまくいっている」といい続けなければならなくなります。真の情報は公開できなくなってしまうのです。

西側から見ると、こうした共産主義社会は異質なものかつ理解できないものとして映ります。無論、不安と恐怖を感じるでしょう。私たちが北朝鮮に対して抱く感情と同じものです。それをチャーチルは〝鉄のカーテン〟と表現したのです。

これに対して、西側の資本主義勢力は、米トルーマン大統領が「封じ込め政策」を採用します。これは、共産主義勢力が勢力を広げようとするあらゆる地域において、周囲の資本主義諸国の経済発展を図ることでその拡大を防ごうとする政策です。アメリカは相手を「理解しようとしない」姿勢をとったわけです。ソ連の立場からすると、これはこれで阻害と脅威を感じることになるでしょう。

ここには、現代の諸問題を考える上で非常に重要な「対立の本質」があります。もう少し詳しく見てみることにしましょう。

歴史の見方⑰　対立の本質

個人レベルでも国家レベルでも、対立というのはどうしても生じてしまいます。その対立の根源的な理由を明らかにしましょう。

そもそも、対立というのは自己の存在が脅かされるところにその根本的原因があります。近代では、人は「存在意義を喪失」、「自己の存在意義」を「他者との差別化」から見出し、それを「他者からの承認」によって成立させる、という構造を私たちは知りました。そして、この一連の過程の結果、つまり「自己主張」の結果がそれぞれの個人であり国家であることも確認しました（歴史の見方⑩）。要するに、私たちの生きる世界は、異質な者がその異質性を互いに主張し合っている世界といえるでしょう。

では、この「あなたとは違う」という少し嫌な「自己主張」を、個人間で、国家間ではじめたらどうなるでしょうか。自己の存在の主張は「他者の存在の侵害」にもなります。つまり対立を生んでしまうのです。自己の存在の主張は他者の承認なしには成立せず、一方でそれは他者との対立を生む、なかなか難しい状況です。

世界がうまくいくためには異質な者同士が優劣を主張し合うのではなく相互に理解し合い、承認し合うことが必要です。それが崩れると対立が生まれます（図74）。これはヨーロッパ社会と未開社会の間にもいえることで、レヴィ・ストロースが明らかにしたように、両者の間にも優劣はありません。

対立の本質は「異質な者との相互理解」の欠如
自己の存在の主張は、「他者の存在の侵害」にもなり、対立が生まれる。

もし自己の主張が認められなければ、自己の存在は孤独に陥り不安を感じます。それが進めば敵意が生まれ、自己防衛のためのヒステリーを起こします。自己が他者の主張を認められない場合も、他者は脅威となり、同じように不安と敵意、ヒステリーを生み出します。宗教改革におけるカトリックの動きも同じ原理でしょう。

東側の〝鉄のカーテン〟は、西側を不安にさせました（西が東を理解できないから）。西側の「封じ込め政策」は、東側を不安にさせました（西が東を理解しようとしないから）。こうした双方の対応が、敵意とヒステリーの冷戦構造をつくりあげたといえます。

しかし、逆にいえば、ここには平和への糸口があるのかもしれません。それが、後述するＥＵで模索されているプロジェクトなのです。

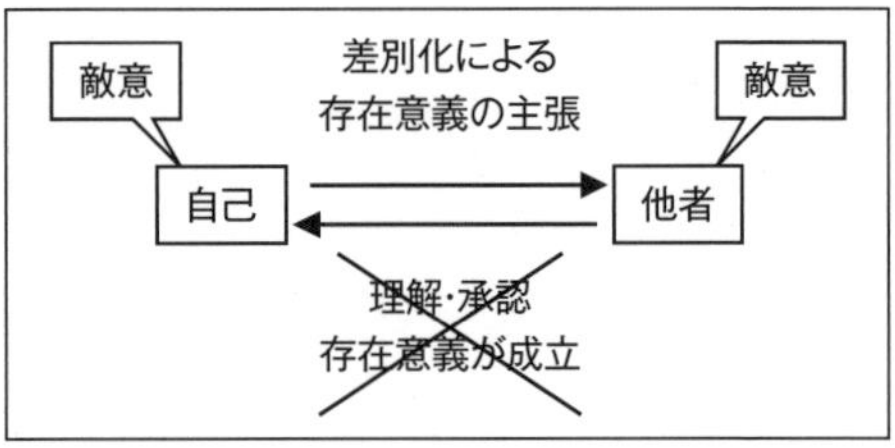

図74：対立の本質

二極化と代理戦争

冷戦がはじまると、米ソを中心としたグループづくりがはじまります。西側が経済的な協力機構をつくれば東側も、西側が軍事同盟ＮＡＴＯをつくれば東側も、といった具合に二大陣営の結束、団結が強化されていきました（歴史の見方③・④）。

やがて両陣営は自陣営にアジアの国々も取り込み、その結果両陣営に引き裂かれた分断国家も生まれました。その一つが朝鮮です。朝鮮半島は、太平洋戦争が終結すると、北緯38度線を境に北をソ連が、南をアメリカが占領する形になりました。この結果、半島は現在の朝鮮民主主義人民共和国と大韓民国に分かれました。

１９５０年6月25日午前4時、ソ連の支援を受けた北朝鮮軍が突如境界線を超えて侵攻し朝鮮戦争が勃発。まったく予期していなかった韓国軍は次々と撃破され、釜山まで後退を余儀なくされました。しかし、韓国にダンケルクはありません。半島の末端で踏みとどまります。戦争は同胞が相争って、自国の山河に屍をさらす悲劇に発展していきます。

国連は北朝鮮軍に撤退を勧告、米軍を中心とする国連軍が組織されていきました。総指揮官はあのマッカーサーです。彼は自身でも「成功率は０・０２％」とした仁川上陸作戦を成功させます。北朝鮮軍は分断され、国連軍と韓国軍に挟み撃ちされる形で壊滅、形勢は一挙に逆転しました。ここでマッカーサーが迫られた選択は、38度線を越えるか否かでした。国連軍は越境に踏み切り北朝鮮に侵攻していきます。彼には、これを機に南北朝鮮の統一を実現しようという目論みがあったのです。しかし、これは重大な誤断でした。

越境は隣国の中ソを刺激しました。中国は義勇軍を派遣し、背後から北朝鮮軍を支援、38度線まで国連軍を押し返します。ソ連は戦争の拡大を懸念して静観。一進一退の攻防が続き、核兵器の使用に言及する者も現れます。

朝鮮戦争は、周辺国にとって「朝鮮に戦争を限定すること」を前提とした戦争でした。それ以上拡大すると第三次世界大戦が勃発しかねないからです。しかしマッカーサーは最後まで軍人でした。冷戦下の限定戦争を理解せず、勝利を求めたのです。米トルーマン大統領はマッカーサーを解任、戦争は休戦を模索する方向に向かっていきました（図75）。

53年7月、米アイゼンハウアー大統領のもと、38度線の板門店で休戦協定が結ばれ南北分割は固定化されることになります。冷戦期の分断国家でいまだに統一が実現していないのは朝鮮半島だけです。

雪解け

１９４５年から10年間ほどは、アメリカはトルーマン大統領とアイゼンハウアー大統領が指導者で、ソ連はスターリンが指導者でした。しかし、１９５３年にスターリンが死去します。ソ連の新たな指導者となったのはフルシチョフでした。ソ連は強力な指導者を失うことで自信を喪失、アメリカとの対決姿勢を弱めました。

図75：退任演説を行うマッカーサー

そこで生まれた、１９５５年から60年にかけての緊張緩和の時代を「雪解け」といいます。

ソ連のフルシチョフは、アメリカとの共存が可能であることを示唆した平和共存政策によって歩み寄りを見せます。彼はアメリカを訪問し、アメリカの社会に触れ、米アイゼンハウアー大統領と会談の場を設けました（図76）。こうした異質な者を理解しようとする姿勢が対立を和らげたのです。

しかし、米ソ関係が好転する一方で中ソ関係は悪化、東欧の国々からも不満の声が上がりはじめます。１９４９年、毛沢東によって中華人民共和国が樹立されると、中国は共産主義国として東側陣営のＮｏ．２になりました。冷

図76：アイゼンハウアー夫妻とフルシチョフ夫妻

戦において、毛沢東は常に強硬な態度をとり、フルシチョフの歩み寄りを弱腰として痛烈に批判します。以降、中ソは冷戦の終結に至るまで対立を続けていくことになります。なお、このように平和を求めれば味方から反発が起こるという現象は、後述するパレスチナの対立にも見られるもので、問題の解決が難しいことを象徴するものです。

冷戦と宇宙

この雪解けの時代、ソ連は史上初の人工衛星スプートニク1号の打ち上げに成功しました。一方、2か月後にアメリカが挑戦したヴァンガードの打ち上げは発射2秒で大爆発し、失敗に終わります。これはアメリカに大きな衝撃を与えました。ソ連はのちにヴォストーク1号を打ち上げ、ガガーリンによる史上初の有人宇宙飛行にも成功しています。

私たちは、核兵器というと爆撃機エノラ・ゲイと原爆リトルボーイを思い出します。しかし、爆撃機による投爆は敵国上空への侵入を必要とするため大きなリスクをともないます。この頃には、大陸間弾道弾（ICBM）と呼ばれる、ミサイルに核弾頭を取りつけて敵国に打ち込む方法が開発されていました。ロケット技術はミサイル技術でもあります。スプートニクの成功は、ソ連がアメリカを軍事技術において上回っているという証明に他ならなかったのです（歴史の見方②）。

アメリカは、スプートニク・ショックと呼ばれる一種のパニック状態に陥りました。英メディアはそんなアメリカを茶化します。雪解けの時代ならではの融和ムードです。

しかし、この雰囲気も、アメリカの偵察行為が発覚したＵ２型事件によって終わり、再び険悪ムードに戻ることになります。１９６０年代には、両国は核実験を再開、再び冷たい戦争がはじまります。ドイツにも〝ベルリンの壁〟が築かれ、やがて冷戦期最大の事件、キューバ危機とベトナム戦争が起こります。

キューバ危機

キューバはアメリカの裏庭でもあるカリブ海に浮かぶ島国です。かつてはアメリカの保護国であり、独立してからもアメリカと親しい関係にあった国です。

しかし、カストロによるキューバ革命が起こると一転して社会主義国となり、アメリカは喉元に〝赤い短剣〟が突きつけられた形となってしまいます。裏切りは親しい間柄であるほど激しい怒りとなるものです。新たな米ケネディ大統領はキューバへの侵攻作戦〝マングース作戦〟を進め、ソ連フルシチョフはキューバへのミサイル配備計画〝アナディル作戦〟を開始します。奇しくも両国の作戦はほとんど時期を同じくして完了しました。そして、１９６２年10月14日、米偵察機はキューバのソ連製ミサイルをとらえます。ここから13日もの間、世界は全面核戦争の危機に怯えることになりました。

14日―米ケネディ大統領はキューバ周辺のカリブ海上を封鎖、ソ連船への臨検を発表。
19日―米偵察機U2がキューバのミサイルを撮影。
22日―米ケネディ大統領が全米テレビ演説。デフコン3（戦争準備態勢のランク。デフコン5が平常時でありデフコン1が完全な戦争準備態勢）を発表。
26日―デフコン2を発表。アメリカ国内の核ミサイルが発射準備態勢に置かれ、日本やトルコ、イギリスの基地も臨戦態勢に入る。核を備えた爆撃機と潜水艦はソ連国境近くに展開。ソ連も国内とキューバのミサイルを発射準備態勢に置く。全米中のマスコミが全面核戦争の可能性を報じ、米国民はこぞって買い出しに殺到。

まさに、互いに銃口を向け合っている状態です。一方で、水面下では戦争回避の交渉が進められます。ソ連は、トルコに配備されたアメリカのミサイルを撤去することを条件にキューバのミサイルを撤退させる、という妥協案を提示しました。これはアメリカにとって受け入れ難いものでした。

27日―暗黒の土曜日！　キューバ上空の米偵察機がソ連軍に撃墜され、同日、ソ連の潜水艦に米艦隊が爆雷を投下。世界は第三次世界大戦を覚悟。

この状態では、誤解から核ミサイルのボタンを押しかねません。ですが、この危機は逆に誤解から収束に向かいます。28日、ソ連フルシチョフは、米ケネディ大統領が教会に礼拝に訪れて再度テレビ演説を行う、という情報を掴みました。ソ連では、米大統領は宣戦布告の前に教会に祈りを捧げる慣例があるとの理解があったため、フルシチョフはケネディが戦争を決意したものと判断、キューバからのミサイル撤去を発表したのです。これは人類にとって幸いな誤解でした。放送は単なる再放送だったのです。逆の誤解であったら、キューバ危機は危機ではなくなっていたことでしょう。

人類最大の危機を乗り切った米ソ両国は関係を大きく前進させました（図77）。しかし、両国首脳

図77：フルシチョフとケネディ

を待ち受けていたのは思わぬ運命でした。米ケネディ大統領は、テキサス州ダラスを遊説中に暗殺され、ソ連フルシチョフはアメリカに譲歩しすぎたことを理由に解任されます。アメリカにはジョンソン、ソ連にはブレジネフが新しい指導者として登場し、冷戦は新たな段階へと進むことになります。

ベトナムの見えない敵

米ジョンソン大統領は、ケネディ以来のベトナムの問題に直面します。ベトナムでは、第二次世界大戦終了後、ホー・チ・ミン率いる共産党によって独立が宣言されました。旧宗主国フランスは再支配を狙いましたが、撃退され、撤退していきます（インドシナ戦争）。しかし、アメリカはあきらめず、北ベトナムのホー・チ・ミン政権に対し、南ベトナムに親米ゴ・ディン・ディエム政権を樹立、ベトナムは分断されます。こうしてはじまった代理戦争がベトナム戦争です（図78）。

米ジョンソン大統領は、圧倒的な戦力をもって北ベトナムを空爆（北爆）しました。しかし、ベトナムといえば、かつて世界を震え上がらせたモンゴル騎馬軍をゲリラ戦で撃退した粘り強い国です。やがて米軍はジャングルを舞台としたゲリラ組織（いわゆるベトコン）との戦いに手を焼くことになります。

ゲリラ戦というのは物理的というより、精神的なダメージが大きいものです。ベトコンは森林に罠を仕掛け、待ち伏せし、単純なしくみでも必殺の武器を使用してアメリカ軍を消耗させました。ジャングルはパニックに陥りやすい場所です。次に踏み出す一歩で罠にかかるかもしれませんし、気づかないうちに後ろの仲間が死んでいたなんてこともあったでしょう。こうした精神的なダメージは米軍を少しずつ破壊していきました。

アメリカは、ベトコンを掃討するため〝サーチ・アン

図78：ベトナム戦争

ド・デストロイ作戦〟を展開します。森林を焼き払うためのナパーム弾を撃ち込み、ジャングルを消滅させるための枯葉剤を上空から大量に散布していきました。枯葉剤の使用は、戦後に結合双生児ベトちゃんドクちゃんに象徴される健康被害を引き起こすことになります。その他にも、ベトナムでの暴行、略奪、強姦、虐殺は凄惨を極めました。

ベトナム戦争は、戦地の映像がお茶の間に届けられた最初の戦争です。人々は米軍がベトナムで何をしているかをリアルタイムで知らされ、世界に、そして米国民に計り知れない衝撃を与えました。私たちがついているのは正義の側なのか、という疑問が国民の間に芽生えることになったのです。

「We Shall Overcome」

ベトナム戦争中、アメリカは大きな社会運動の波に覆われていました。公民権運動とベトナム反戦運動です。この運動には「抵抗」という共通の精神がありました。白人に対する抵抗、政府に対する抵抗、これらは一つの激流となり、超大国アメリカの社会を大きく揺さ振っていきました。その先頭に立っていたのがキング牧師です。

マーティン・ルーサー・キング、この名は父親がかの宗教改革者マルティン・ルターからとって命名したものでした。彼が最初に差別を受けたのは6歳の頃。近隣の白人男児らと遊んでいたところ、彼らの母親に「二度と遊ばせません！」という一言を浴びせられた時です。この出来事が彼の生涯を決定づけます。やがて、成長したキングは大学であのガンディーの非暴力・不服従の思想に触れました。マーティン・ルーサー・キング、その名は「戦いの人生」、その心は「偉大なる魂」、人類史上最も偉大な人物が生まれた瞬間です。

彼は26歳で黒人解放運動をはじめます。ベトナムでは民主主義を守るために白人も黒人も関係なく一緒に戦場で戦っています。にもかかわらず、アメリカではいまだに黒人は多くの差別を受けていました。キング牧師はその矛盾を世界に訴えます。彼がリンカーン記念堂にて行った「I Have a Dream（私には夢がある）」の演説は多くの共感を呼びました。奴隷の解放を行ったリンカーンの精神は、黒人の解放を目指すキング牧師に受け継がれたのです（図79）。

この運動では、主題歌ともいえる「We Shall Overcome（いつの日にか勝利を）」が盛ん

図79：演説を行うキング牧師

に歌われ、黒人大衆を立ち上がらせます。運動は実を結び、1964年に公民権法の制定を実現、法律上の平等を勝ち取ります。しかし、その後黒人解放運動は内部分裂を起こし、キングの運動もかつての勢いを失っていきました。彼は亡くなる前日、次のような演説を行いました。

「……前途に困難な日々が待っています。でも、もうどうでもよいのです。私は山の頂上に登ってきたのだから。皆さんと同じように、私も長生きがしたい。長生きをするのも悪くないが、今の私にはどうでもいいのです。神の意志を実現したいだけです。神は私が山に登るのを許され、私は頂上から約束の地を見たのです。私は皆さんと一緒に行けないかもしれないが、ひとつの民として私たちはきっと約束の地に到達するでしょう。今夜、私は幸せです！ 心配も恐れも何もない！ 神の再臨の栄光をこの目で見たのですから！」（『映像の世紀第9集ベトナムの衝撃』NHKより）

翌日、キングはモーテルのバルコニーで白人男性に射殺されました。39歳という若さです。もしかしたら、皆さんの中に「キングは暗殺を知っていたのでは……？」と思った方もいるかもしれませんが、そうではありません。この演説は理念の勝利を謳ったものです。彼は死んでも理念は死にません。これをキングは確信しました。この演説の前に暗殺を知っていたとか知らなかったとかはどうでもいいことです。彼の宣言には人類史上最も偉大な理念が燦然《さんぜん》と輝いているのです。

名誉なき撤退

ベトナム戦争は、国際的な反戦運動を引き起こし、経済的にも莫大な戦費がアメリカ財政を窮迫させました。アメリカは戦争継続困難な状況に追いつめられます。

戦争の終結を公言して新たに大統領に就任したのはニクソンでした。アメリカは和平協定を結び、１９７３年3月までにベトナムからの撤退を完了させることになります。やがてベトナムは統一され、ベトナム社会主義共和国となります。しかし現在まで、アメリカ政府によるベトナムへの謝罪の言葉はありません。

アメリカは国際的威信を大きく低下させ、中ソに接近していきます。１９５０年代後半の雪解けはソ連が歩み寄りましたが、70年代の緊張緩和「デタント」はアメリカの歩み寄りによって実現します。

多極化とデタント

１９６０年代、キューバ危機やベトナム戦争の裏では世界の多極化が進んでいました。世界の中心は米ソに限らなくなり、世界のとらえ方も東西対立に限らなくなったのです。

西側では、日本が高度経済成長のまっただ中にあり、西ドイツも〝奇跡の復興〟を遂げていました。ヨーロッパは統合が進んでＥＣが発足、フランスのド・ゴール政権は米英に追随しない独自外交を展開します。東側では、中国が台頭してソ連に反発します。また一部東欧諸国もソ連に対して独自路線をとりはじめます。

そして何より核保有国が増加します。米ソに続いて、イギリスは早くも１９５２年に保有、フランスは60年、中国は64年に保有します。こうした動きは東西の両陣営における米ソの指導力を低下させていくことになりました。

これまで「ヨーロッパ中心の歴史」で周辺として扱われていた第三勢力の台頭も多極化を促します。１９６１年には非同盟諸国首脳会議がユーゴスラヴィアのベオグラードで開催されました。アフリカでは〝アフリカの年〟と呼ばれた１９６０年に17もの新興諸国が独立を果たし、63年にはアフリカ統一機構が発足し統合が進みました。

これまで東西対立でしか世界はとらえられていませんでしたが、新たに南北問題が指摘されはじめます。これは、搾取する北側先進諸国と搾取される南側発展途上国との対立で世界をとらえようとするものです。冷戦という世界観は、独立を勝ち取った国々によって、徐々に弱められていったのです。

こうして、１９６０年代の多極化、73年にベトナムからの撤退を完了させたアメリカによる歩み寄りによって70年代の緊張緩和「デタント」の道が開かれたのです。１９７０年代にはアメリカが中国を承認、西ドイツも東方外交と呼ばれる東側との緊張緩和外交を進めます。核軍縮も成果をあげ、両陣営は少しずつ持っていた銃を置いていくことになりました。

ペレストロイカとグラスノスチ

80年代初頭、消える直前の激しい炎のように、新冷戦と呼ばれる対立が生じましたが、80年代後半に入ると、冷戦は終結に向かいます。

大きな役割を果たしたのはソ連のゴルバチョフでした。彼は、国内で「ペレストロイカ（改革）」と「グラスノスチ（情報公開）」を進めます。60年間に及ぶ独裁政治によって硬直した体制を抜本的に見直し、改革していきました。さらに、1986年に起きたチェルノブイリ原子力発電所事故は、ソ連の秘密主義を問いなおすきっかけとなり、大胆な情報公開に踏み切らせました。外交においては、新思考外交と呼ばれる西側への歩み寄りを進め、アメリカもこれに応じていきました。

1989年12月、米ブッシュ（父）大統領とソ連ゴルバチョフは、地中海のマルタ島にて会談を設け、44年間続いた冷戦の終結を宣言します（図80）。共同声明において、ゴルバチョフは次のように述べました。

「世界はひとつの時代を克服し、新たな時代へ進みました。我々は長く、平和に満ちた時代のはじまりに立っています。武力の脅威、不信、心理的・イデオロギー的な闘争は、もはや過去のものとなったのです」

　これに対してブッシュは次のように応えます。

「我々は、永続的な平和を実現し、そして東西関係を一つの持続的な協同関係にしていくことができるでしょう。これが、ゴルバチョフ議長と私がまさにここマルタではじめようとする未来の姿なのです」

　〝鉄のカーテン〟は引き上げられ、東欧の国々は次々と共産主義を放棄して自由を獲得していきました。冷戦を象徴する〝ベルリンの壁〟も解放され、東西ドイツは統一されます。ソ連も崩壊し、多くの国が独立を勝ち取っていきました。

　この世界は異質な者同士が生きる世界です。これは非常に難しいことですが、異質な者に対して〝壁〟をつくってはいけない、異質な者でも理解し

図80：ブッシュ（右手前）とゴルバチョフ（左手前）

合わなければならない、冷戦は私たちにそう教えるのではないでしょうか。

第23幕 立ち歩むアジア(インド・中国を中心に)――犠牲と安定

自らの足で立つアジア

第二次世界大戦終了とともに、アジアの多くの国が独立を果たしていきました。イギリスからはインドやパキスタン、ビルマ、マラヤ連邦（のちのマレーシア）などが独立します。インドでは、二つの宗教の融和は実現せず、ガンディーは暗殺されてしまいます。ヒンドゥー教徒はインド（のちスリランカが分離独立）、イスラーム教徒はパキスタン（のちバングラデシュが分離独立）として独立することになりました。インドのネルー首相は、1955年のアジア・アフリカ会議（バンドン会議）開催の中心となって緊張緩和に努力、雪解けを準備しました。その一方で、印パ戦争を引き起こします。イギリスの植民地政策はいまだにこの地域に影を落としているのです。

フランスからは、インドシナ戦争を経て、ベトナム・ラオス・カンボジアなどが独立します。ド・ゴールの時代にはアフリカのアルジェリア独立も承認されました。ベトナムではベトナム戦争が勃発、カンボジアではポル・ポトによる大量虐殺が起こり、大きな傷を残しました。

オランダからはインドネシアが独立、スカルノやスハルトが登場します。その中で、東ティモールの独立問題が生まれ、激しい内戦を経て、メガワティ大統領の時代に正式に独立が実現することになります。

このように、アジアやアフリカの国々はその大部分が独立してからまだ１００年も経っていないのです。別な言い方をすれば、ほんの１００年前まで世界は白人支配だったのです。

「大躍進」の愚

中国はというと、太平洋戦争中は、共産党の毛沢東と国民党の蔣介石とが協力して日本と戦っていましたが、戦争が終わると、両者は共通の敵を失って再び衝突します。この内戦に勝利したのは共産党の毛沢東でした。１９４９年、アヘン戦争の衝撃から約１００年、ようやく中国は中華人民共和国として自らの足で立ち、その歩みを進めていきます（図81）。

毛沢東は、中国の共産化を進めるため、計画経済を推進しました。社会主義では、政府が経済をコントロールし、政府の計画によって生産量や消費量、輸出量と輸入量は決められます。毛沢東は第二次五か年計画（いわゆる大躍進政策）で、信じられないような大失敗を犯しています。

毛沢東は「工業＝鉄」という彼独自の理解のもと、全国に鉄をつくるよう大号令をかけます。そこで、農民たちはお手製の溶鉱炉をつくり（土法高炉）、鉄鉱石を石炭で燃やし、質の悪い鉄を生産していきました。やがて鉄鉱石と石炭が底をつくと、農民はやむを得ず鉄製の農具や調理器具を高炉に放り込み、山から切り出した木材を燃やして鉄をつくろうと試みました。これがいかに愚かなことかおわかりでしょうか。鉄製の農具や調理器具は最初から鉄です。鉄を溶かして鉄をつくる、これはリサイクルしているだけです。しかも、木材では石炭ほどの高温にはなりませんのでリサイクルすらできません。そうして農具をダメにしてしまったため農業生産が落ち込んだことなどから、大量の餓死者が出てしまいました。さらに山や森からは木がなくなっていったため、土砂崩れや洪水などの自然災害も頻発しました。その結果、１５００万人もの死者が出てしまいます。説によっては２０００万人ともいわれています。

共産主義は秘密主義ですから、この惨状は世界に知らされませんでした。しかし、もちろん首脳部の間で毛沢東の責任は問われます。毛沢東は国家主席の地位を退き、新たに劉少奇《りゅうしょうき》と鄧《とう》小平《しょうへい》の体制が樹立されます。

図81：建国を宣言する毛沢東

「文化大革命」の傷

劉少奇と鄧小平は大躍進政策の尻拭いをさせられます。彼らは生産力の回復を目指して一部資本主義を導入した調整政策を進めました。これである程度の経済回復を実現することになります。しかし、毛沢東は納得がいきませんでした。彼は権力の奪回のためにプロレタリア文化大革命（いわゆる文革）という新たな波を起こしていきます。

この運動は１９６６年から70年代初頭にかけてですから、世界的な出来事としてはベトナム戦争と重なります。この時期には「抵抗」の精神を持った反戦運動が起こりました。これはアメリカ国内のみにとどまりません。学生運動などは、世界中で、日本でもフランスでも起きたものです。そして、これは中国でも起こりました。

北京大学の学生は大学の教育に疑問を抱きます。大学の教育は真に共産主義的な教育なのだろうか、もしかしたら資本主義的な教育も混じっているのではないだろうか、と。そこで、真の共産主義を掲げて大学に対抗する学生運動が起こったのです。対立構図は「共産主義（学生）vs 資本主義（大学）」です。

毛沢東はこれを利用できると考えました。彼は学生運動の支持を表明し、資本主義を大いに打ち破るよう奨励します。学生らの破壊行動は激しさを増し、破壊対象も大学から資本主義と見なされるすべての組織、人、習慣に向けられていきます。その矛先は、権力の中枢にいる劉少奇・鄧小平らにも向けられるようになりました。彼らは一部資本主義を導入する調整政策を行ったばかりです。彼らには「実権派」「走資派」のレッテルが貼られ、批判が浴びせられました。ここでの対立構図は「共産主義（学生、支援者として毛沢東）ｖｓ資本主義（劉少奇・鄧小平）」です。結果、劉少奇は投獄され獄死、鄧小平は強制労働に従事させられ、毛沢東は権力の奪回に成功しました。つまり、文革とは「共産主義ｖｓ資本主義」の思想闘争に見せかけた「毛沢東ｖｓ劉少奇・鄧小平」の権力闘争といえます。

この運動によって３００万人が投獄され50万人が処刑されました。大躍進政策ほどの死者数ではありませんが、文革はヒステリーな魔女狩りですから、密告やレッテル貼りをともない、社会に傷を残しました。子が親を密告し、街頭で殴る蹴るの暴行なども行われたといいます。この文革による混乱も、やはり秘密主義によって世界には知らされませんでした。こうした中国の秘密主義を〝竹のカーテン〟といいます。香港（イギリス領）には、大陸から虐殺された遺体が流れ着いたことがありました。人々は、何か恐ろしいことが中国で起こっているのではないかと感づきますが、正確な情報はつかめません。冷戦では、こうした秘密主義が西側に不安を与えたわけです。

やがて、毛沢東の死とともに文化大革命は収束しました。鄧小平に権力が戻ることになります。

鄧小平の見通し

鄧小平は奇跡の復活を遂げました（図82）。以降、鄧小平による中国の国づくりがはじまります。なお、彼は自分を散々な目にあわせた毛沢東を「功績第一、誤り第二」と評しています。中華人民共和国を建国したのは毛沢東です。中国のまとまりを維持するためには毛沢東の権威を落とすわけにはいかなかったのです。

鄧小平は、政治的には共産党の独裁体制を維持、経済的には資本主義的な市場経済の導入を図りました。社会主義市場経済です。1989年には、ソ連のペレストロイカを背景に、中国でもよりいっそうの政治の民主化を求めるデモが起こりました。鄧小平は経済の自由化を認めても、政治の民主化は認めません。そこで、軍隊を動員してこのデモを徹底的に弾圧しました（天安門事件）。弾圧の様子はマスコミを通じて世界

図82：鄧小平

に伝えられ、鄧小平らの指導部は強い非難を浴びて経済制裁も加えられましたが、これを乗り切って共産党独裁の体制は維持されることになりました。

その後、中国は圧倒的な人口によって、市場としても生産地としても、経済大国に押し上げられます。かつての威信を取り戻した中国は東アジアの国際情勢に変化をもたらしています。

第24幕　現代の問題――オリーブの枝を放さぬよう

パレスチナ問題1――起源

現代の問題の半分はかつての「ヨーロッパの時代」が残した問題です。その代表ともいえる問題がパレスチナ問題です。これはアラブ人とユダヤ人の対立ですが、その原因は第一次世界大戦中にまでさかのぼります。

地中海東岸のパレスチナ。ここはアラブ人にとってもユダヤ人にとっても故郷でした。ざっくりいえば、長年住んでいたのがアラブ人であり、大昔に住んでいたのがユダヤ人です。イギリスは、第一次世界大戦の総力戦の中で、両者に「パレスチナでの建国や独立」を条件に協力を要請しました。しかし、その裏では列強との間で「パレスチナの国際管理」を規定して、二重に矛盾する外交を展開しました。第一次世界大戦後、アラブ人とユダヤ人はそれぞれ建国を要求しましたが、パレスチナは国際管理となってしまいます。両者の対立がはじまります。すべてイギリスが蒔いた種です。

ここで、パレスチナ問題を見ていく上で重要な整理をしておきましょう。そもそもこの対立は「アラブ人vsユダヤ人」という単純な二項対立ですから理解しやすいはずです。しかし、関わる人物・国家がアラブ側なのかユダヤ側なのかがややこしく、理解を難しくしています。したがって、その区別が理解の要となるでしょう。以下に整理しておきます。

◎アラブ側　パレスチナ人……パレスチナに住むアラブ人
PLO……パレスチナに住むアラブ人の組織
エジプト……パレスチナ人を支援するアラブ人の国家（その他シリア・レバノンなど）

◎ユダヤ側　イスラエル人……パレスチナに住むユダヤ人
イスラエル……パレスチナに住むユダヤ人の国家

第二次世界大戦後、国際管理の期間が終了、いよいよパレスチナの処遇が大きな問題となります。そこで、国際連合によってパレスチナ分割案が提示され、問題の解決が図られました。分割案は「パレスチナの56・5％の土地をユダヤ人に与える」というものでした。ユダヤ人はこれを受けてイスラエルを建国、アラブ人は分割案を拒否しました。そもそもユダヤ人がパレスチナに住んでいたのは遠い昔の話ですから、ユダヤ人はパレスチナにおいて人口は3分の1、土地は6％を所有しているにすぎませんでした。アラブ人は分割案に到底納得がいきません。なぜこのようにユダヤ人有利の案になってしまったのでしょうか。これも問題を理解する上で重要です。

この分割案にはアメリカの強い支持がありました。アメリカは一貫して親ユダヤです。なぜならアメリカは移民の国であり、多くのユダヤ人を抱えている国だからです。さらにいえば、国際世論的にもユダヤ人に同情的なところがあります。それは「ユダヤ人の可哀想な歴史」が理由です。常に国を持つことができず、常にヨーロッパでは嫌われ、ナチスによる虐殺（ホロコースト）も行われたばかりです。ユダヤ人は大国アメリカと国際世論を味方につけたのです。

ユダヤ人が建国を望むのは当然のことです。しかし、ホロコーストの責任はアラブ人にあるのでしょうか。「ユダヤ人の可哀想な歴史」を根拠にアラブ人の女性や子供が虐殺されていいものでしょうか。その責任はアラブ人にはなく、むしろヨーロッパ人にあるはずです。

パレスチナ問題2—衝突

さて、こうした状況から、パレスチナでは4回にわたる中東戦争が起こります。基本的にアラブ人（エジプトなど）が敗北し、ユダヤ人（イスラエル）が勝利して領土を拡大します。ニュースなどで耳にするシナイ半島、ガザ地区、ゴラン高原、ヨルダン川西岸などは第三次中東戦争でユダヤ人（イスラエル）が獲得した土地です。これまでの戦争などによってパレスチナでは非常に多くのアラブ人の難民（パレスチナ難民）が生まれてしまいました。そして、彼らを救うためにPLOが組織されます。

ちなみに第四次中東戦争では、アラブ側が石油戦略を発動したため、第一次石油危機が起こりました。この石油危機について話し合うことを目的に開催されたのがサミット（主要国首脳会議）です。パレスチナの問題は4回の戦争をもってしても決着しませんでした。

パレスチナ問題3——解決の試み

中東戦争ののち、問題を解決するチャンスは2回ありました。1回目は米カーター大統領によるエジプト・イスラエル平和条約の締結（1979年）です。

これは、イスラエル（ユダヤ）のベギン首相と

図83：左からベギン、カーター、サダト

エジプト（アラブ）のサダト大統領の間で、国交正常化に合意したものでした（図83）。しかしながら、アラブ18か国とPLOはエジプトと断交、サダト大統領はイスラム急進グループに射殺されてしまいました。歩み寄ろうとしたエジプト大統領が、歩み寄りに反対する味方に暗殺されてしまったのです。これで1回目のチャンスは流れてしまいました。

2回目のチャンスは、PLO（アラブ）によるパレスチナ国家樹立宣言にはじまる和平交渉です。この時PLOの代表アラファトは、事実上イスラエル（ユダヤ）と共存する国家構想を提唱しました。これについて、米ブッシュ（父）大統領の時代に中東和平会議が開催され、そこではイスラエル（ユダヤ）と周辺アラブ諸国が一堂に会し、話し合いが行われます。その後の和平の実現の道筋は米クリントン大統領の仲介で、パレスチナ暫定自治協定（1993年）として示されました（図84）。

図84：左からラビン、クリントン、アラファト

これは、イスラエル（ユダヤ）のラビン首相とPLO（アラブ）のアラファトの間で結ばれました。イスラエル（ユダヤ）が奪ったガザ地区やヨルダン川西岸のイェリコで、アラブ人の自治を認めるという内容です。しかし、これも挫折してしまいます。それはイスラエル（ユダヤ）のラビン首相が極右ユダヤ人に暗殺されてしまったからです。またも、味方による暗殺です。平和を唱えると背後から刺される、これでは平和の声を上げることが難しくなってしまいます。

２００１年に、イスラエル（ユダヤ）に好戦的なシャロン首相が登場すると、指導者暗殺や自爆テロ、そしてその報復、と混乱がさらに深まっていきます。パレスチナ問題は現在でも解決の糸口が見えていません。

9・11

現代の問題のもう半分は「アメリカの時代」が生み出した問題といえるでしょう。ここでは中東の国々に注目してイスラームの問題について見ていきます。

２００１年9月、誰もがテレビに映し出された超高層ビルから煙が立ち上る光景に目を疑ったのではないでしょうか（図85）。アメリカの同時多発テロ事件です。

このテロがイスラーム原理主義者の犯行であったためイスラームへの関心は急速に高まりました。日本人の多くが「イスラームとは何か？」と感じたことでしょう。本書で述べてきたことから、彼らがあの行動に至った理由を明らかにしていきます。

大航海時代（15〜17世紀）より、ヨーロッパは世界に進出、帝国主義時代（19世紀）にはアメリカもそこに加わって世界を征服し、欧米の政治と文化がアジアに流入していきました。アジアは欧米の支配から脱却するためにも、まずは欧米に追いつく必要があります。各国では近代化が図られ、欧米のシステムを取り入れていかざるを得ませんでした。日本のように近代化に成功した国もありますが、ほとんどの国はその過程で軋轢が生まれました。特にイスラーム世界ではその摩擦が激しかったといえるでしょう。

イスラームには生活における一つ一つの行動にルールがあります。したがって、イスラームに何かを強制するのは難しいといえます。当然ながら、イスラーム世界では欧米に対する強い反発が生ま

図85：炎上する貿易センタービル

れました。欧米に合わせていくことでイスラームの大切な部分が失われているのではないか、と。その声はイスラームの原点に立ち返ろうとする原理主義（イスラーム復興運動）を生み出しました。イスラーム原理主義は強い反米です。なぜなら、アメリカはパレスチナ問題においてユダヤ人の肩を持ち、アラブ人を目の敵にするからです。そもそも、アラビア諸国の人々の宗教としてはじまったのがイスラームですから、アラブの敵はイスラームの敵なのです。

そんな中、アフガニスタンで原理主義のタリバン政府が樹立されます。オサマ・ビン・ラディンらの国際テロ組織アル・カイダが拠点を置いていました。

パレスチナにおけるアラブ人らの扱いはすでに見た通りです。彼らはアメリカに一矢報いるためにあの同時多発テロを引き起こしたのでした。テロは決して許されるべきではありませんが、イスラーム側（アラブ側）の怒りにも目を向けなければならないでしょう。

イラク戦争

今となっては考えられませんが、冷戦初期、イランもイラクも西側陣営、つまり親米国家でした。しかし、1958年にイラク革命が起こると、イラクには親ソ政権が樹立されます。1979年には、今度はイランで革命が起こり、イランは厳格なイスラーム教義に基づく反米・反ソ（反共）の国家となり、東西どちら側にも与しない体制となりました。

このイラン革命によって二つのことが起こりました。一つはイランの産油量が激減したことによる第二次石油危機です。もう一つは、イラン革命に乗じてイラクのフセイン政権がイランを侵略したイラン・イラク戦争でした（1980〜88）。反米国家イランを敵視したため、アメリカはイラクを支援しました。今では信じられませんが、1980年代、アメリカはイラクのフセイン政権を支援し、大量の武器援助を行っていたのです。戦争は9年間も続き、双方とも何も得ることがないまま終結します。そのため日本のメディアは「イライラ戦争」などと揶揄《やゆ》しました。

さて、1990年、「イライラ戦争」で軍事費を浪費したイラクのサダム・フセインは、そのマイナスを取り返すためにクウェートの石油を狙って侵攻します。1989年の冷戦終結のどさくさに紛《まぎ》れての侵略でした。しかし、国連は停戦を勧告、米ソを中心とする多国籍軍が組織され、イラクへ軍事制裁が加えられました。湾岸戦争です。戦争はイラクの敗北で終結しましたが、フセインの独裁政権は維持されることになりました。米ブッシュ（父）大統領はフセインをとらえることができなかったのです。

そこで、2003年、米ブッシュ（子）大統領がリベンジをかけて起こしたのがイラク戦争です。戦争の大義名分はイラクの保有する大量破壊兵器の廃棄でしたが、真の狙いはイラクの石油であったといわれています。湾岸戦争では石油目的の侵略に軍事制裁を加えたアメリカが、今度は石油目的で空爆するのです。しかも、結果的に大量破壊兵器は存在しませんでした。さらにいえば、イラクの保有する武力のほとんどは、イラン・イラク戦争の時にアメリカから提供されたものだったのです。20年前に武器を与え、のちに武器保有を理由に空爆とは理不尽に思えます。

こうした米ブッシュ大統領（子）時代のアメリカは、単独行動主義と非難されることになります。ちなみにこの理不尽なイラク戦争について、支持を表明したのは主にイギリスと我が国日本でした。

第25幕　ヨーロッパの試練──新しいヨーロッパ

現代のヨーロッパ

二つの大戦によってヨーロッパはかつての勢いを完全に失ってしまいました。政治、経済、文化、すべてにおいて主導権はアメリカに奪われてしまいます。かつてパックス・ブリタニカを謳歌したイギリスも、国際的にはアメリカに追随し、経済的にもアメリカの援助なしには大戦からの復興を果たすことができませんでした。大植民地帝国としても、インドをはじめとする多くの植民地を手放していくことになります。唯一、戦後のイギリスで異彩を放った人物といえば〝鉄の女〟サッチャーでしょう。彼女は〝イギリス病〟と呼ばれた経済の停滞に立ち向かった女性首相です。決断力と実行力をもって危機に対処した首相でした。

フランスでは、1960年代にド・ゴールが〝フランスの栄光〟を掲げて、米英に追随しない独自の外交を展開していきました。彼は「私はフランスそのものである」と公言した、まさにフランスの自尊心を体現したような人物です（歴史の見方⑧）。

ドイツ（西ドイツ）には、1969年にブラント首相が登場し、緊張緩和に貢献しました。また、彼はポーランドにあるユダヤ人ゲットーの跡地を訪問して、跪いて献花し、ナチス時代のユダヤ人虐殺について謝罪の意を示しました。

ソ連崩壊後のロシアでは、エリツィン大統領の時代からいくつかの民族紛争を抱えています。ロシア帝国は第一次世界大戦中に崩壊し、フィンランド・バルト三国・ポーランドなどが独立しました。ソ連は冷戦終結後に崩壊し、多くの国が独立しました。しかし、いまだに独立できていない国もあります。有名なのはチェチェンです。民族と国家の問題はいまだに解決されていないものもあるのです。

歴史の中で、ヨーロッパは高度な文化を生み、科学を発達させました。けれども、そこには数多くの戦争という悲劇がありました。各国はそれぞれの過去、ヨーロッパの過去を背負い、乗り越え、未来の平和に向けて力強く歩んでいます。

歴史の見方⑱　「ヨーロッパの平和」の問題4

さて、本書も終幕に近づいています。二度にわたる悲劇を経験し、「ヨーロッパの平和」の問題はどうなったのでしょうか。これまでの歴史を綜合して考えていきましょう。

振り返れば、ヨーロッパの歴史は「戦争の歴史」です。ヨーロッパは戦争が起こるたびに、どうしたら平和を実現できるかを問題としてきました。「均衡」や「協調」などの方法が模索され

（歴史の見方⑤・⑨）、第一次世界大戦後には「共同体」として集団安全保障機構たる国際連盟も創設されます（歴史の見方⑭）。しかし、それでも戦争を食い止めることはできず、戦後は国際連盟の欠陥を補って国際連合が創設されました。一方、ヨーロッパは、それまでとはまったく異なった平和の試みにたどり着きます。ＥＵという「新しい共同体」です。いったいどこが新しいのでしょうか。

近世では、ヨーロッパには主権国家が生まれ、絶対主義時代には社団国家、フランス革命では国民国家と発展し、多くの国家が生まれていきました。ヨーロッパの歴史は「国家の誕生の歴史」ともいえるでしょう。近代では、フランス革命ののちの19世紀、国家は、各民族が自民族を他民族との差別化から規定していった結果であり、各民族の自己主張の結果（ナショナリズムの結果）である、ということを確認しました（歴史の見方⑩）。現代の冷戦では、異質な他者との相互理解の欠落が対立を生み出す、という対立の本質を明らかにしました（歴史の見方⑰）。

さて、ここで、重大な事実が浮かび上がります。それは主権国家それ自体が戦争の原因であるということです。もう一度確認しましょう。主権国家、それは各民族が自民族を他民族との差別化から規定していった結果であり、各民族の自己主張の結果（ナショナリズムの結果）です。国家が生まれるということは自己主張をぶつけ合うことであり、自己主張は「他国の存在を否定」することになりかねません。そこで相互理解が欠如するから戦争が起こるのです。「国民国家、それは戦争である」とは仏ミッテラン大統領の言葉です。ヨーロッパの歴史が「国家の誕生の歴史」であるなら「戦争の歴史」になるのは当然であったということになります。ヨーロッパの人々はそこに気づきました。

それならば、主権国家を否定してみる、つまり各国の主権を制限し、各国の国境をなくしてみる、それは「均衡」とは真逆の発想になります。互いに主張をやめる、壁を取り払う、それがすなわちEUというまったく「新しい共同体」なのです。その精神は「異質な者との相互理解」です。ヨーロッパ人は、私たちの見てきた700年あまりの過去から、現在を明らかにし、「ヨーロッパの平和」についてEUという進むべき未来を見定めたのです。

ヨーロッパの平和の原則は「均衡」の否定に立った「新しい共同体」
主権国家による「均衡」を否定し、平和という価値を共有した「協調」と、それに基づく「新しい共同体」の創設。現在、その成果が評価されている。

皆さんは「EUの歌」があることをご存知でしょうか。学校に校歌があるようにEUにも歌があります。EUは平和のための試みですから、EUの歌は平和のための歌になります。それは『歓喜の歌（ベートーヴェンの交響曲第9番）』のメロディです。歌詞を見てみましょう。

ひとりの友の友となるという大きな成功を勝ち取った者
心優しき妻を得た者は彼の歓声に声を合わせよ
そうだ、地上にただ一人だけでも心を分かち合う魂がある
と言える者も歓呼せよ
そしてそれがどうしてもできなかった者はこの輪から泣く
泣く立ち去るがよい
（中略）
抱き合おう諸人よ！　この接吻を全世界に！
（シラー作・小松雄一郎訳）

20世紀初頭、この『歓喜の歌』にイメージを与えた芸術家がいます。グスタフ・クリムトです。彼は『ベートーヴェン・フリーズ』（図86）という作品において、男女が抱き合い接吻する姿を描きました。そこには、異性に理解されたい、異性を理解したい、「孤独」を埋めようとする人間の根源的な欲求が表現されています。けれども、男性の背中にはどこか寂しさを感じます。この絵では融和に対する希望としての接吻が描かれていま

図86：『ベートーヴェン・フリーズ』　グスタフ・クリムト（オーストリア美術館）

す。ＥＵには、人類のいまだ満たされない永遠の願いが託されているといえるでしょう。人間は愚かにも悲惨な戦争を繰り返します。いつまでも理解し合えない人間、自由になれない人間、それでも、人間の世界は美しい！　この接吻を全世界に！

◉本書で述べた歴史の見方

	見出し	歴史の見方	
①	文化とは何か1	文化とは「人の精神をかたちにしたもの」である 文化は経済力がなければ発展しない	p 17
②	科学力と戦争	科学力とは軍事力である	p 26
③	組織について1（内と外）	内を固めて外へ	p 35
④	組織について2（危機は団結を生む）	危機は団結を生む	p 39
⑤	「ヨーロッパの平和」問題1	ヨーロッパの平和の原則は「均衡」	p 60
⑥	組織について3（勝つ組織と負ける組織の違い）	勝つ組織は「変化」に対応できる組織	p 71
⑦	組織について4（危機は独裁を生む）	危機は独裁を生む 独裁の利点は大胆かつ迅速に組織を動かせること 独裁が成り立つ条件は二つ。一つは短期間であること、もう一つは独裁を行う側とそれに従う側の間で合意が成り立っていること	p 117
⑧	主要国の国民性（英仏）	イギリス人は帰納的思考（経験的）、伝統を尊重する フランス人は演繹的思考（合理的）、自国に誇りを持っている	p 126

⑨	「ヨーロッパの平和」問題2	ヨーロッパの平和の原則は「協調」	p 137
⑩	人間とは、国家とは何か（近代以降）	中世は「不自由・不平等」「神がいる」、近代は「自由・平等」「神はいない」	p 151
		近代より、人は「存在意義を喪失」し「孤独」に陥った	
		近代より、人は「自己の存在意義」を「他者との差別化」により見出す	
⑪	主要国の国民性（独）	ドイツ人は公的な規律と秩序を好む、勤勉で生真面目な性格	p 156
		ドイツ人は個人の時間も大切にする	
⑫	主要国の国民性（米）	アメリカ人は自主的で自律的な精神（フロンティア・スピリット）を持ち、成功（アメリカンドリーム）を夢見る	p 160
⑬	主要国の国民性（露）	ロシア人は豪快、酒好き（寂しがり屋）、ロシア人は粘り強い	p 175
⑭	ヨーロッパの平和の問題3	ヨーロッパの平和の原則は「共同体」	p 218
⑮	文化とは何か2	文化を変えるということは、人の精神を変えるということ	p 232
⑯	主要国の国民性（日本）	日本人は「いま」「ここ」に意識が集中する	p 264
		全体から「いま」「ここ」を規定することができず、目的意識が弱い	
⑰	対立の本質	対立の本質は「異質な者との相互理解」の欠如	p 274
⑱	「ヨーロッパの平和」問題4	ヨーロッパの平和の原則は「均衡」の否定に立った「新しい共同体」	p 312

おわりに　歴史とは何か

これまでたどってきた歴史も、ついに時代は今この瞬間の「皆さん」にまでやってきました。現在、世界の一体化がいまだかつてなかった規模で進み、世界も日本も岐路に立たされています。そのような中で、歴史はどのような意味を持つのでしょう。私なりの「歴史の見方」をお伝えすることで結びとさせていただこうと思います。

歴史とは何でしょうか。私が、歴史について深く考えたきっかけの一つに、映画『タイタニック』があります。ご存知かもしれませんが、この映画は1912年に実際に起きた豪華客船タイタニック沈没の悲劇を描いたもので、レオナルド・ディカプリオとケイト・ウィンスレットが主演しています。スクリーンでは、沈みゆく船とともに乗客が様々な形で死を迎えていきます。正装して死を待つ上流階級の紳士、子供を抱いてお話をしながら水が迫るのを待つ貧しい母親、乗客が落ち着いて避難できるよう最後まで演奏を続けた演奏家たち、貧乏人の子供を利用して助かろうとする金持ちの男、そして愛するローズを守るために命を懸けたジャック……。映画の中で、死を前にした人々が様々な生き方をしているのです。タイタニック沈没による死者は1513名とされています。私はこの映画を観て、「1513の人の死」には「1513の人の生」があること、そして「1513」に対して、たったの「1」が「私の生と死」なのだということを知りました。

歴史は「物語」です。最初はそれでいいと思います。「この英雄がかっこいい！」とか「この人物は嫌いだ！」とかでいいのです。しかし、歴史は「現実」でもあります。物語の時代から、気が遠くなるほど多くの人が生き、死んでいったわけですが、私たちもそのあとで現実の時代に生き、死んでいきます。そんな歴史上の人物も、現実の私たちも「1」です。たったの「1」なのです。その「1」から歴史を感じてほしいと思います。それを感じることができた時、歴史は問うでしょう。「では、あなたはどう生きるか？」と。

歴史は「人」です。歴史は、醜くも美しくもある人、愚かで、しかしかけがえのない人です。歴史について考えることと「人の生と死について考えること」は同じことで、そしてそれは「皆さんの生と死について考えること」とも同じことです。歴史は人、歴史は私、あるいは他の誰か、そして「あなた」なのです。歴史は私たちのすべてを包み込みます。そのあまりにも長い時間、あまりにも広い空間、その中で、心を静かにして耳を澄ます時、求め続ける人間の真理を予感することができるのかもしれません。

引用・参考文献（推薦図書）

【通史】

松田智雄『世界の歴史7　近代への序曲』中央公論社、１９７５
大野真弓『世界の歴史8　絶対君主と人民』中央公論社、１９７５
田村実造『世界の歴史9　最後の東洋的社会』中央公論社、１９７５
桑原武夫『世界の歴史10　フランス革命とナポレオン』中央公論社、１９７５
中屋健一『世界の歴史11　新大陸と太平洋』中央公論社、１９７５
井上幸治『世界の歴史12　ブルジョワの世紀』中央公論社、１９７５
中山治一『世界の歴史13　帝国主義の時代』中央公論社、１９７５
江口朴郎『世界の歴史14　第一次大戦後の世界』中央公論社、１９７５
村瀬興雄『世界の歴史15　ファシズムと第二次大戦』中央公論社、１９７５
松本重治『世界の歴史16　現代―人類の岐路』中央公論社、１９７５
※通史は中公文庫の『世界の歴史　全16巻』［旧版］を推薦します。書店には［新版］が並んでおり、それでもかまいませんが、古本屋などで［旧版］をお求めになるのがよろしいかと思います。右記は旧版です。

大下尚一・服部春彦・西川正雄・望田幸男『西洋の歴史（近現代編）増補版』ミネルヴァ書房、１９９８

【各国史・テーマ史】

◎ヨーロッパ史
ジュール・ミシュレ『フランス革命史（上下巻）』（桑原武夫、樋口謹一、多田道太郎訳）、中央公論社、２００６
川北稔『イギリス近代史講義』講談社現代新書、２０１０
◎中国史

山本英史『中国の歴史』河出書房新社、2010
◎日本史
児島襄『太平洋戦争（上下巻）』中央公論社、1965
林茂『日本の歴史25　太平洋戦争』中央公論社、2006
戸部良一、寺本義也、鎌田伸一、杉之尾孝生、村井友秀、野中郁次郎『失敗の本質　日本軍の組織論的研究』中央公論社、1991
池田清『海軍と日本』中央公論社、1981
◎文化史
高階秀爾『ルネッサンスの光と闇—芸術と精神風土』中央公論社、1987
E．H．ゴンブリッチ『美術の物語』（田中昌之、天野衛、大西広、奥野皐、桐山宣雄、長谷川宏、長谷川摂子、林道郎、宮腰直人訳）、ファイドン、2007
竹田青嗣、西研『はじめての哲学史　強く深く考えるために』有斐閣アルマ、1998

【伝記】

小牧治、泉谷周三郎『ルター（センチュリーブックス 人と思想）』清水書院、2000
徳善義和『マルティン・ルター　ことばに生きた改革者』岩波書店、2012
小牧治『マルクス（センチュリーブックス 人と思想）』清水書院、2000
坂本徳松『ガンジー（センチュリーブックス 人と思想）』清水書院、2000
梶原寿『マーティン・L・キング（センチュリーブックス 人と思想）』清水書院、1991
猿谷要『キング牧師とその時代』日本放送出版協会、1994
マーシャル・フレイディ『マーティン・ルーサー・キング』（福田敬子訳）、岩波書店、2004
※伝記は清水書院の『センチュリーブックス 人と思想』シリーズを推薦します。

【主要国の国民性】
◎欧米
造事務所『日本人が知らないヨーロッパ46カ国の国民性』ＰＨＰ研究所、２０１３
博学こだわり倶楽部『国民性の違いがはっきりわかる本』河出書房新社、２０１１
クリスティ・デイビス『エスニックジョーク　自己を嗤い、他者を笑う』（安部剛訳）、講談社、２００３
早坂隆『世界の日本人ジョーク集』中央公論新社、２００６
◎日本
ルース・ベネディクト『菊と刀』（長谷川松治訳）、講談社、２００５
山本七平『空気の研究』文藝春秋、１９８３
丸山真男『日本の思想』岩波書店、１９６１
加藤周一『日本文化における時間と空間』岩波書店、２００７
加藤周一『日本人とは何か』講談社、１９７６
池田信夫『空気の構造　日本人はなぜ決められないのか』白水社、２０１３

【ヨーロッパの平和の問題】
細谷雄一『国際秩序　18世紀ヨーロッパから21世紀アジアへ』中央公論新社、２０１２
野林健、大芝亮、納家政嗣、山田敦、長尾悟『国際政治経済学・入門』有斐閣アルマ、１９９６

引用・参考映像（推薦映像）
『ＮＨＫ ＤＶＤ-ＢＯＸ 映像の世紀　全11集』ＮＨＫエンタープライズ、２０００

写真資料の出典・所蔵など

第1章　◎図1：http://ja.wikipedia.org/　ボッティチェリ作　ウフィツィ美術館　◎図2：http://ja.wikipedia.org/　レオナルド・ダ・ヴィンチ作　サンタ・マリア・デッレ・グラツィエ修道院　◎図3：http://ja.wikipedia.org/　Nicolaus Copernicus Museum In Frombork　◎図5：http://ja.wikipedia.org/　クラナハ作　ウフィツィ美術館　◎図6：http://ja.wikipedia.org/　The British Library Harley MS 7182, ff 58v-59.　◎図7：http://ja.wikipedia.org/　◎図8：http://ja.wikipedia.org/　◎図9：http://ja.wikipedia.org/　リゴー作　ルーヴル美術館　◎図11：http://ja.wikipedia.org/　メラー作　美術史美術館　◎図13：http://ja.wikipedia.org/　レンブラント作　アムステルダム国立美術館　**第2章**　◎図16：http://ja.wikipedia.org/　ウォーカー作　National Portrait Gallery　◎図17：http://ja.wikipedia.org/　ファン・ダイク作　ルーヴル美術館　◎図18：http://ja.wikipedia.org/　ネラー作　◎図20：http://ja.wikipedia.org/　◎図21：http://ja.wikipedia.org/　◎図22：http://ja.wikipedia.org/　クーリエ作　National Archives and Records Administration　◎図23：http://ja.wikipedia.org/　ダヴィド作　カルナヴァレ博物館　◎図24：http://ja.wikipedia.org/　オーエル作　フランス国立図書館　◎図25：http://ja.wikipedia.org/　カルナヴァレ博物館　◎図26：http://ja.wikipedia.org/　ジーフェキング作　◎図27：http://www.wpsfoto.com/（WPS）　カルナヴァレ博物館　◎図28：http://commons.wikimedia.org/　ダヴィド作　ルーヴル美術館　◎図29：http://ja.wikipedia.org/　アボット作　National Maritime Museum　**第3章**　◎図31：http://ja.wikipedia.org/　イサベー作　◎図32：http://ja.wikipedia.org/　ローレンス作　美術史美術館　◎図33：http://ja.wikipedia.org/　◎図34：http://ja.wikipedia.org/　Heinrich Heine Universität Düsseldorf　◎図35：http://ja.wikipedia.org/　アルベルティス作　リソルジメント博物館　◎図36：http://ja.wikipedia.org　ウェルナー作　ビスマルク博物館　◎図38：http://ja.wikipedia.org/　◎図40：http://ja.wikipedia.org/　ガードナー作　The Library of Congress　◎図41：http://ja.wikipedia.org/　**第4章**　◎図43：http://ja.wikipedia.org/　◎図44：http://ja.wikipedia.org/　◎図46：http://ja.wikipedia.org/　◎図47：http://ja.wikipedia.org/　◎図48：http://ja.wikipedia.org/　◎図49：http://ja.wikipedia.org/　The Library of Congress　◎図50：http://ja.wikipedia.org/　Rio V. De Sieux 作　**第5章**　◎図54：http://ja.wikipedia.org/　◎図55：http://ja.wikipedia.org/　George H.Mewes 作　National Geographic Magazine, Volume 31　◎図56：http://ja.wikipedia.org/　Hohum 作　◎図57：http://ja.wikipedia.org/　National Geographic Magazine, Volume 31　◎図59：http://ja.wikipedia.org/　Edward N. Jackson 作　U.S. Signal Corps photo　◎図60：http://inciclopedia.wikia.com/　◎図61：http://ja.wikipedia.org/　The Library of Congress　◎図62：http://ja.wikipedia.org/　The Library of Congress　◎図63：http://free-photos.gatag.net/　◎図64：http://ja.wikipedia.org/　◎図65：http://ja.wikipedia.org/　◎図66：http://ja.wikipedia.org/　写真週報創刊号　◎図67：http://ja.wikipedia.org/　ドイツ連邦公文書館　◎図68：http://ja.wikipedia.org/　ドイツ連邦公文書館　◎図70：http://ja.wikipedia.org/　Imperial War Museums　◎図71：http://ja.wikipedia.org/　Abbie Rowe 作　National Archives and Records Administration　◎図73：http://ja.wikipedia.org/　Charles Levy 作　National Archives and Records Administration　**第6章**　◎図75：http://ja.wikipedia.org/　http://ww2db.com/image.php?image_id=13117　◎図76：http://ja.wikipedia.org　National Archives and Records Administration　◎図77：http://ja.wikipedia.org/　National Archives and Records Administration　◎図78：http://ja.wikipedia.org/　National Archives and Records Administration　◎図79：http://ja.wikipedia.org/　National Archives and Records Administration　◎図80：http://ja.wikipedia.org/　David Valdez 作　National Archives and Records Administration　◎図81：http://ja.wikipedia.org/　Sina.com　◎図82：http://ja.wikipedia.org/　National Archives and Records Administration　◎図83：http://ja.wikipedia.org/　National Archives and Records Administration　◎図84：http://ja.wikipedia.org/　Vince Musi 作　gpo.gov　◎図85：http://ja.wikipedia.org/　The Library of Congress　◎図86：http://ja.wikipedia.org/　グスタフ・クリムト作　オーストリア美術館

著者紹介

福村国春《ふくむらくにはる》

1983年生まれ。慶應義塾大学文学部東洋史学科、美学美術史学科を卒業。専門は世紀末芸術。在学中から世界史の講師として教鞭をとる。卒業後は都内に世界史専門大学受験塾 史塾 を設立、東大・京大・一橋・早慶を中心に高い進学実績を誇っている。歴史上の人々と同じように「私もあなたも生きている」ことを伝え、「では、あなたはどう生きるか」を高校生に問いかけている。

史塾HP＝http://shijuku.jp

歴史《れきし》の見方《みかた》がわかる世界史入門《せかいしにゅうもん》

2014年5月25日	初版発行
2015年9月16日	第4刷発行
著者	福村国春《ふくむらくにはる》
装丁・本文組版	常松靖史［TUNE］
校正協力	株式会社ぷれす

©Kuniharu Fukumura 2014, Printed in Japan

発行者	内田 真介
発行◎発売	ベレ出版 〒162-0832　東京都新宿区岩戸町12　レベッカビル TEL.03-5225-4790 Fax.03-5225-4795 ホームページ　http://www.beret.co.jp 振替 00180-7-104058
印刷	株式会社文昇堂
製本	根本製本株式会社

落丁本◎乱丁本は小社編集部あてにお送りください。送料小社負担にてお取り替えします。

本書の無断複写は著作権法上での例外を除き禁じられています。
購入者以外の第三者による本書のいかなる電子複製も一切認められておりません。

ISBN978-4-86064-393-5 C0022　　編集担当　森 岳人